Erfolgreich akquirieren auf Messen

Dirk Kreuter

Erfolgreich akquirieren auf Messen

In fünf Schritten zu neuen Kunden

4., überarbeitete Auflage

Dirk Kreuter
Bochum
Deutschland

Die 1. Auflage ist unter dem Titel „Der Messetrainer" erschienen.

ISBN 978-3-658-02987-6   ISBN 978-3-658-02988-3 (eBook)
DOI 10.1007/978-3-658-02988-3

Die Deutsche Nationalbibliothek verzeichnet diese Publikation in der Deutschen Nationalbibliografie; detaillierte bibliografische Daten sind im Internet über http://dnb.d-nb.de
abrufbar.

Springer Gabler
© Springer Fachmedien Wiesbaden 2014

Lektorat: Manuela Eckstein

Gedruckt auf säurefreiem und chlorfrei gebleichtem Papier

Springer Gabler ist eine Marke von Springer DE. Springer DE ist Teil der Fachverlagsgruppe
Springer Science+Business Media
www.springer-gabler.de

Geleitworte

In der Durchführung internationaler Messen ist der Messeplatz Deutschland weltweit die Nummer Eins. Von den global führenden Messen der einzelnen Branchen finden rund zwei Drittel in Deutschland statt. Pro Jahr werden etwa 150 überregionale Messen und Ausstellungen mit über 160.000 Ausstellern durchgeführt. Mehr als 50 % dieser Aussteller kommen aus dem Ausland. Mehr als neun Millionen Fachleute aus aller Welt, fast 30 % aus dem Ausland, besuchen jedes Jahr die deutschen Messen. Damit ist die Internationalität der wichtigste Pluspunkt der deutschen Messen im weltweiten Wettbewerb. Auch die Trenduntersuchung, die der AUMA jedes Jahr gemeinsam mit TNS EMNID anstellt, zeigt erfreuliche Zahlen. Der Messeanteil an den gesamten Kommunikationsetats in der Business-to-Business-Kommunikation lag 2008 und 2009 wieder bei über 40 %. Ein Drittel aller deutschen Aussteller plant für diese beiden Jahre höhere Investitionen in Messebeteiligungen.

Wenn also an den deutschen Messeständen auf einem hohen internationalen Niveau kommuniziert wird, ist kompetentes Standpersonal der Garant für eine erfolgreiche Messebeteiligung. Das vorliegende Fachbuch, für das ich gerne das Vorwort verfasse, legt den thematischen Schwerpunkt gerade auf die Kompetenz des Standpersonals. Je motivierter, informierter und qualifizierter das Standpersonal ist, desto größer sind die Chancen für hohe Verkaufs- und Kontaktresultate. Deshalb sind eine sorgfältige Auswahl der Mitarbeiter am Stand und ihre intensive Schulung genauso wichtig wie eine wirkungsvolle Präsentation der Produkte, nicht zu vergessen die

richtige Auswahl der Messe und die Formulierung der Beteiligungs-
ziele. Dazu bietet der AUMA interessante Tools wie z. B. den Messe-
eNutzenCheck, mit dem sich Messebeteiligungen sowohl vor- als
auch nachkalkulieren lassen und die Zielerreichungsgrade ermittelt
werden können. Dirk Kreuter geht in „Erfolgreich akquirieren auf
Messen" auf die Grundlagen der Zieldefinition und auf organisatori-
sche Fragen der Messebeteiligung ein und legt verdientermaßen den
Schwerpunkt auf Tipps für die Standkommunikation zur Verbesse-
rung der Beteiligungseffizienz. Viele Messetrainer gibt es, durchaus
von unterschiedlicher Qualität; nur wenige stellen ihr Fachwissen
der Öffentlichkeit in einem Buch zur Verfügung. Wir verstehen das
Buch als Ergänzung zu den bekannten und verbreiteten AUMA-Me-
dien, die sich ebenfalls mit der Optimierung von Messebeteiligungen beschäftigen.

Dr. Peter Neven
Geschäftsführer
AUMA_Ausstellungs- und Messe-Ausschuss e. V., Berlin

Eine Messeveranstaltung ist die intensivste Konzentration von Angebot und Nachfrage, die ich kenne. Nicht zuletzt deshalb lohnt es
sich für die meisten Unternehmen, dabei zu sein – insbesondere,
um Zukunftsgeschäfte mit potenziellen Kunden vorzubereiten. Und
natürlich um seinen Kundenstamm zu pflegen, der je nach Messeziel mehr oder weniger im Fokus steht. Messen sind image- und ver-
kaufsfördernde Plattformen, für bestehende und potenzielle Kunden. Unbestritten.
    Dabei ist das olympische Motiv in keinem Fall ausreichend für
eine Messeteilnahme. Ganz im Gegenteil: nur wer gut vorbereitet
in den Wettkampf mit seinen Marktbegleitern geht, wird von seiner Präsenz profitieren. Im direkten Vergleich wird der interessierte
Messebesucher seinen Favoriten unter den diversen Anbietern suchen, sich ein Bild machen wollen über Pros und Cons unterschied-

licher Produkte und Leistungen und am Ende sein präferiertes Produkt auswählen.

Messemarketing und -vertrieb muss diesen Auswahlprozess beeinflussen, lang bevor der Messeevent beginnt. Die Fachabteilungen konzentrieren sich dabei verstärkt auf den visuellen Auftritt vor und während der Veranstaltung. Architektur, Form und Gestalt, Lage in der Halle, Branding, Beleuchtung, Materialität und die Produktinszenierung sind entscheidende Komponenten, um die Marken- und Produktbotschaften nachhaltig seiner Zielgruppe zu vermitteln. Dabei ist Architektur Mittel zum Zweck, nämlich: sein Unternehmen als eine attraktive Kommunikationsplattform zu gestalten, die den Austausch zwischen Menschen bestmöglich fördert. Der Messestand soll Aufmerksamkeit generieren und damit Messebesucher anziehen, Begehrlichkeiten wecken, Kunden beeindrucken und gleichzeitig Wohlfühlatmosphäre bieten.

Wenn ein gut gestalteter Stand diesen Parametern bereits Genüge geleistet hat, kommt die eigentliche Bewährungsprobe eines ausstellenden Unternehmens: der persönliche Dialog mit den Kunden. Jetzt schlägt die Stunde der Vertriebsmannschaft, die präsent ist, in Verhalten und Inhalten gut geschult ist und die richtige Ansprache findet. Architektonische Schönheit ist wertlos, wenn dieses Potenzial in der Kommunikation nicht genutzt wird. Erfolgreich auf Messen akquirieren manifestiert sich in der gekonnten Verzahnung visueller und kommunikativer Mittel. Andernfalls stirbt man in Schönheit.

Dipl. Designer Franz P. Wenger
Geschäftsführer und Inhaber von WengerWittmann – München
Agentur für erlebbare Kommunikation im Raum

Vorwort

Vor hundert Jahren mussten Perlentaucher etwa 800 Muscheln am Tag öffnen, um eine Perle zu finden. Irgendwann wurde dann zufälligerweise die Beobachtung gemacht, dass man Perlen züchten kann, indem man ein Sandkorn in eine Muschel einführt. Aus diesem Sandkorn entsteht nach einiger Zeit eine Perle. Bis heute hat sich das Leben der Perlentaucher auf Grund dieser Erkenntnis völlig anders gestaltet.

Was hat diese Geschichte mit diesem Buch zu tun? Sie werden sich Ihre Perlen, also Ihre Neukunden, nicht „züchten" können. Aber wenn Sie die Hinweise und Erkenntnisse dieses Buches bei Ihrer nächsten Messebeteiligung optimal umsetzen, so werden Sie auch nicht mehr 800 Muscheln öffnen müssen, also nicht mehr 800 Besucher ansprechen müssen, um erfolgreich neue Kunden zu akquirieren.

Für die spezielle Situation der Messe-Kommunikation gelten andere Spielregeln als in der üblichen Kundenkommunikation! Ein Patentrezept zur Neukundengewinnung auf der Messe gibt es noch nicht – aber „patente Zutaten" durchaus. Sie finden eine Menge davon in diesem Buch. Für die 4. Auflage wurde es umfassend überarbeitet.

In diesem Sinne wünsche ich Ihnen viel Erfolg auf Messen. Ihr

Dirk Kreuter

Inhaltsverzeichnis

Der Autor

 **Dirk Kreuter** gehört zu den bekanntesten Rednern, Trainern und Beratern im deutschsprachigen Raum. Nach einer kaufmännischen Ausbildung wagte er den Schritt in die Selbstständigkeit als Handelsvertreter und sammelte neun Jahre Praxiserfahrungen im Vertrieb. Mehrere Trainerausbildungen und Fachqualifizierungen runden seine Fachkompetenz ab. Seine thematischen Schwerpunkte sind Messetraining und Neukundengewinnung. Mit seinem klaren Vortragsstil, seiner überzeugenden Rhetorik und anschaulichen Beispielen und Metaphern versteht es Dirk Kreuter, selbst komplexe Strategien deutlich darzustellen und allgemein verständlich zu machen. Mit dieser Fähigkeit schafft er es auf informative, unterhaltsame und einzigartige Weise, praxiserprobte Inhalte mit motivierenden Elementen zu verknüpfen.

Dirk Kreuter ist Certified Speaking Professional (CSP), Expertenmitglied im ASTD (American Society for Training and Development), „Top Consultant 2013/2014", „Speaker of the Year 2011", „Trainer des Jahres 2010", Autor, Co-Autor und Mitherausgeber von 30 Fachbüchern, DVDs, E-Books, Newslettern und Hörbüchern, die bereits in mehreren Ländern erschienen sind.

Wenn Sie Kontakt mit dem Autor aufnehmen möchten, wenden
Sie sich bitte an:

kreuter: neukunden mit garantie!
E-Mail: info@dirkkreuter.de
Internet: www.dirkkreuter.de

Einleitung – Dabei sein ist nicht alles

Warum stellt Ihr Unternehmen auf einer Messe aus? Wenn ich diese Frage Vertriebsleuten stelle, höre ich meist die Antwort: „Weil unsere Konkurrenten auch dort sind!" Das ist ein guter Grund! Man hat Zeit, sich zu treffen, und kann bei einem Gläschen Sekt ein bisschen plaudern (siehe Abb. 1).

Das ist natürlich übertrieben. Aber auffällig ist doch, dass ich auf meine Frage selten die Antwort höre: „Wir wollen neue Kunden gewinnen." Nein, heißt es, wenn ich dies als mögliches Messeziel nenne, das sei zu viel verlangt. Wer weiß, wer da überhaupt kommt! Messen dienen dem Image. Die Ergebnisse sind angeblich nicht kalkulierbar. Messen kann man nicht bemessen.

Alle paar Jahre versuchen Umfrageinstitute oder Unternehmensberatungen aber genau dies. Sie schicken Testbesucher zu den Messeständen, um das Verhalten der Aussteller oder der Standmitarbeiter auf die Probe zu stellen. Interessanterweise kommen alle diese Studien, wann auch immer sie erstellt wurden, zu einem ähnlichen Ergebnis: Die Aussteller sind meist so mit sich selbst beschäftigt, dass sie den Besucher in der Regel gar nicht wahrnehmen. Vielfach stehen die Mitarbeiter auf dem Messestand in Gruppen zusammen und berichten sich gegenseitig über die Erlebnisse des Vorabends. Und je größer der Stand ist, so zeigen die Studien, desto intensiver ist der Austausch des Standpersonals untereinander. Wird der Besucher doch bemerkt, so wird er mit der stereotypen und wenig originellen

D. Kreuter, *Erfolgreich akquirieren auf Messen,*
DOI 10.1007/978-3-658-02988-3_1, © Springer Fachmedien Wiesbaden 2014

Abb. 1 Der Aus-
tausch unter Kollegen
sollte nicht Ziel der
Messe sein

Eröffnungsfrage „begrüßt": „Kann ich Ihnen helfen?" Nicht gerade prickelnd, vor allem, wenn sich daran keine weiteren Fragen nach dem Bedarf anschließen. Kurzum, Messemitarbeiter machen, den Umfragen zufolge, nicht das, was ihr eigentlicher Job ist: sich um (neue) Kunden kümmern.

▶   Fazit: Messen werden viel zu wenig genutzt. Es wird zwar eine Menge Geld für den Stand und den ganzen Auftritt ausgegeben. Aber es wird nicht erwartet, dass daraus etwas zurückfließt. Messen bieten jedoch eine riesige Chance, neue Kunden zu gewinnen – und damit für *Return on Investment* zu sorgen. Sie müssen sie nur zielgerichtet nutzen.

Warum werden Messen zu wenig genutzt?

Die Gründe sind vielfältig. Einer von ihnen ist die mangelnde Zielsetzung der Aussteller. Man geht zu der Messe, wie und weil man es schon immer getan hat. Man zeigt Flagge. Aber an neue Kunden denkt man dabei höchstens am Rande. Geschweige denn, dass im Voraus geplant wird, wie man sie gewinnen könnte. Obwohl auf der anderen Seite Einigkeit darüber besteht, dass heutzutage kein Unternehmen mehr ohne Neukunden überleben kann. Strategien, wie auf der Messe diese Neukunden angesprochen werden können, werden von den Unternehmen aber häufig vernachlässigt.

Ein weiterer wichtiger Grund ist, dass das Messepersonal auf die zukünftige Messe kaum vorbereitet wird. Es wird zwar mitgeteilt, wann die Messe beginnt, wann sie endet und in welchem Hotel jeder untergebracht ist, aber es wird nicht darüber gesprochen, welche Produkte ausgestellt sind oder welche Vorteile diese Produkte für den Kunden haben. Sprich, der „Kundennutzen" wird nicht thematisiert. Geschweige denn, dass darauf eingegangen wird, wie man überhaupt mit einem zukünftigen Kunden auf der Messe kommuniziert – denn auf der Messe gelten andere Spielregeln als im normalen Vertriebsalltag.

Es geht aber auch anders: Ich habe als Trainer und Berater etliche Unternehmen dabei begleitet, Messen zielgerichtet für die Neukundenakquise zu nutzen. Wesentliche Elemente des Erfolgs sind dabei:

- eine klare Zielsetzung,
- eine schlüssige Strategie,
- gute Vor- und Nachbereitung sowie
- die kompetente Schulung von Kommunikation und Auftreten des Standpersonals.

In diesem Buch erfahren Sie, wie Sie in Zukunft eine Messe dazu nutzen können, aktiv Kontakte zu neuen Kunden aufzubauen. Ich präsentiere Ihnen eine konkrete Strategie, mit der Sie durch genaue

Planung, effektive Umsetzung und konsequente Nachbereitung Ihre Messebeteiligung zu einem vollen Erfolg werden lassen können. Tipps aus der Praxis und Beispiele gelungener Messestrategien illustrieren Ihnen, wie andere Unternehmen erfolgreich vorgegangen sind.

Lassen Sie Messen nicht mehr ein „Draufzahlgeschäft" sein, sondern nutzen Sie sie, um Kontakte anzubahnen, Geschäfte zu machen und Ihr Unternehmen voranzubringen.

Schritt: Erst zielen, dann schießen – Messeziele

Ein Seepferdchen hatte einmal sieben Taler. Es wollte losziehen und die Welt erkunden. Nach einer Weile traf es einen Fisch. Der Fisch fragte das Seepferdchen: „Ei, wo willst du hin mit deinen sieben Talern?" Das Seepferdchen antwortete: „Ich möchte hinaus in die große weite Welt!" „Hm …", sagte der Fisch, „dann gib mir doch drei deiner Taler und ich gebe dir diese schnelle Flosse hier. Mit dieser schnellen Flosse wirst du noch viel schneller durchs Wasser gleiten können und noch viel schneller die Welt sehen können!" „Ei …", sagte das Seepferdchen, „das ist eine gute Idee!" Es gab dem Fisch die drei Taler, schnallte sich die Flosse an und glitt von dannen.

Kurz darauf traf das Seepferdchen einen anderen Fisch. Auch dieser Fisch begrüßte das Seepferdchen und sagte: „Ei, Seepferdchen! Wohin möchtest du so schnell?" „Ich bin unterwegs, die Welt kennen zu lernen!" „Hm … Dann schlage ich dir vor, du nimmst dieses Motorboot hier. Mit diesem Motorboot bist du noch viel schneller, als du es jetzt bist. Dieses Motorboot kostet nur zwei Taler!" Das Seepferdchen fand das eine tolle Idee, gab dem Fisch seine zwei Taler und nahm fortan das Motorboot, mit dem es natürlich viel schneller übers Wasser fahren konnte.

Nach einiger Zeit traf das Seepferdchen einen Hai. Der Hai fragte ebenfalls: „Wohin möchtest du denn so schnell?" „Ich bin unterwegs, um mir die Welt anzuschauen!" „Hm …", sagte der Hai, „Du, da habe ich ein Abkürzung für dich, die kostet dich nur zwei Taler!" Das See-

D. Kreuter, *Erfolgreich akquirieren auf Messen*,
DOI 10.1007/978-3-658-02988-3_2, © Springer Fachmedien Wiesbaden 2014

pferdchen war neugierig und meinte: „Prima, dann bin ich ja noch schneller unterwegs!" und gab dem Hai die zwei letzten Taler. Der Hai öffnete sein Maul und ehe sich das Seepferdchen versah, hatte er es samt seinem Motorboot verschlungen. Die Moral der Geschichte:

► Wenn du nicht weißt, wo du hinwillst, dann spielt es auch keine Rolle, wie schnell du unterwegs bist.

Nehmen Sie sich Zeit für die Planung

Ohne Planung Ihrer Ziele und Aktivitäten auf der Messe kann es Ihnen ebenso ergehen wie dem Seepferdchen. Sie mögen noch so effizient und schnell den Messestand auf- oder abbauen, die Ausstellungsstücke bereitstellen oder die Ersten sein, die morgens den Kaffee fertig haben – was nutzt es Ihnen, wenn Sie nicht wissen, wozu Sie das eigentlich machen? Ziele sind der erste Schritt zu einer erfolgreichen Messe.

Klare Ziele geben Ihren Aktivitäten eine klare Richtung. Sie bewirken zudem, dass alle Mitarbeiter diese Richtung kennen und einschlagen (siehe Abb. 1). Und dass nicht jeder den Weg geht, den er gerade für richtig hält. Ziele sind auch wichtig, um zu merken, wann man vom Weg abkommt – und wann man angekommen ist!

► Ziele geben unserem Handeln Sinn und Orientierung. Sie sind Maßstab und Motivation zur Leistung und damit Kriterium zur Erfolgskontrolle.

Positive Zielformulierung

Wie fassen Sie also Ihre Messeziele? Damit Sie Klarheit über Ihre Ziele erlangen können, sind zwei Schritte notwendig:

Abb. 1 Messeziele ergeben sich aus gemeinsamem Brainstorming

1. Der erste Schritt besteht in der schriftlichen Zielsetzung (die Frage nach dem „Was?")
2. Der zweite Schritt ist die methodische Beschreibung des Weges zum Ziel (die Frage nach dem „Wie"?)

Für die schriftliche Zielsetzung gelten einige Kriterien, die Ihnen die spätere Umsetzung erleichtern. Ziele sollten

- positiv formuliert sein (keine Verneinung oder Vergleiche): „Keine Pannen" oder „Mehr Umsatz als letztes Jahr" sind als Ziele demotivierend und unklar

- in der Gegenwart formuliert sein
- selbst durchführbar bzw. beeinflussbar sein
- in naher Zukunft erreichbare, messbare Ergebnisse beschreiben
- überprüfbar sein:
  - im Unternehmenskontext
  - im Teamkontext
- konkret sein (Wer? Was? Wann? Wie? Wo? Mit wem? Wie lange? Woran erkenne ich die Erreichung des Ziels?)

Messeziele bestimmen

Für eine Messebeteiligung gibt es vielfältige Zielsetzungen. In der Regel leiten sich die Ziele aus den übergeordneten Marketing- und Kommunikationszielen Ihres Unternehmens ab. Daraus resultiert zumeist der Beschluss, welche Messe mit welchem Messekonzept von Ihnen besucht wird.

In der Messepraxis überschneiden und überlagern sich meist einige Messeziele. Wer jedoch klare Messeziele definiert, wird in allen Phasen der Messebeteiligung zu jedem Zeitpunkt über eine systematische Richtschnur verfügen, die die Entscheidungen auf allen Unternehmensebenen vereinfacht.

Folgende Ziele können beispielsweise von Ihnen mit Ihrer Messebeteiligung verfolgt werden:

- Stammkundenpflege
- Neukundengewinnung
- Präsentieren neuer Produkte
- Erhöhen oder Verteidigen des Marktanteils mit alten und/oder neuen Produkten
- Erschließen neuer Zielgruppen/neuer Märkte
- Ausbau bestehender Absatzmärkte
- Fördern des Verkaufs vor Ort
- Präsentieren des Unternehmens (Imagepflege)

- Steigern des Bekanntheitsgrads
- Public Relations
- Festigung bekannter Produkte
- Entwicklung der Verkaufsorganisation
- Gewinnung von Kooperationspartnern/Vertriebspartnern/neuen Vertriebsmitarbeitern (Messen sind Jobbörsen)
- Profilierung des Verkaufspersonals
- Marktpflege
- Beobachten der Markt- und Wettbewerbsaktivitäten
- Gewinnen allgemeiner Marktinformationen
- Durchsetzen eines neuen Unternehmensbildes
- Durchsetzen neuer Marktstrategien
- Pflege von Kontakten
- Motivieren der eigenen Mitarbeiter

Egal, welche dieser Ziele Ihnen und Ihrem Unternehmen derzeit wichtig sind, sie haben alle einen Nachteil: Es sind keine konkret messbaren Ziele. Sie müssen sie erst in solche verwandeln. Wie funktioniert das?

Messeziel „Stammkundenpflege"

Nehmen wir an, Ihr Ziel ist die „Stammkundenpflege". Sie können dieses Ziel mit folgenden Überlegungen konkretisieren:

- Überprüfen Sie, welche Kunden so genannte Stammkunden sind: Ab welchem Umsatz, ab welcher Zugehörigkeitsdauer zu Ihrem Unternehmen, bei welchen Produkten ist ein Kunde ein Stammkunde?
- Wie erreichen Sie, dass die Stammkunden Ihren Stand besuchen? Wie viele dieser Stammkunden wollen Sie dort in Empfang nehmen?

- Wie intensiv sollen die Gespräche sein, die Sie mit diesen Kunden am Stand führen? Was soll in den Gesprächen übermittelt oder erreicht werden? Wie lang soll die durchschnittliche Verweildauer eines solchen Stammkunden am Stand sein?
- Welche Produkte sollen den Stammkunden angeboten werden?

Je detaillierter Sie diese Fragen ausarbeiten, desto konkretere Anhaltspunkte erhalten Sie für Ihren Erfolg. Denn Sie machen sich selbst bewusst, was Sie auf der Messe erreichen wollen: Ist es reine Kontaktpflege? Oder soll der Stammkunde bestimmte neue Produkte kennen lernen? Wie viele dieser Produkte wollen Sie verkaufen?

Aus diesen Fragen lassen sich überprüfbare Ziele ableiten. Ist die Messe vorüber, können Sie einen Strich ziehen und die Ergebnisse mit den zuvor gesetzten Zielen vergleichen. Die Messe wird messbar. Sie können schon im Vorfeld erkennen, ob sich der Aufwand für Sie lohnt oder nicht.

Aus dem Ziel „Stammkundenpflege" ergeben sich auch Konsequenzen für Ihre Dienstleister wie etwa den Messebauer. Denn ein Stand zur Pflege von Stammkunden ist völlig anders gestaltet als beispielsweise ein Stand mit dem Messeziel Neukundengewinnung. Geht es um Stammkundenpflege, wählt man in der Regel einen Stand, der wenig transparent ist. Es handelt sich meist um ein geschlossenes Standsystem, zu dem dem Besucher nur gegen Vorlage seiner Visitenkarte der Zutritt gewährt wird. Auf einem solchen Stand sind bequeme Sitzmöglichkeiten vorhanden, die zum Verweilen einladen. Das Catering ist besonders ausgeprägt. Hier haben die Gesprächspartner Zeit für den Besucher und widmen ihm viel Aufmerksamkeit. Der Besucher findet einen Ruhepol und erfährt die entsprechende Wertschätzung.

Bei einem Stand mit dem Messeziel Neukundengewinnung geht es demgegenüber um maximale Offenheit, Transparenz und Kommunikation. In der Regel wird ein Inselstand, mindestens jedoch ein Kopf- oder Eckstand gewählt, der zwei bis vier offene Seiten hat. Dadurch wird dem Besucher jede Möglichkeit geboten, Kontakt mit dem Messeteam auf diesem Stand aufzunehmen. Hier gibt es keine bequemen Sitzmöglichkeiten, sondern eher unbequeme Barhocker ohne Rückenlehne oder Stehtische. Auch das Catering ist sehr zurückgefahren. Es gibt in der Regel die klassischen Kekse und einige Süßigkeiten. Ziel ist es hierbei, den Kontakt aufzubauen, diesen jedoch später dann – nach der Messe – zu vertiefen. Neukundengewinnung auf der Messe ist reine Kontaktanbahnung, gegenseitiges Abchecken über Potenziale und Möglichkeiten. Im Idealfall wird dann ein konkreter Termin für die Vertiefung des Gespräches für die Zeit nach der Messe vereinbart.

Damit Sie mit der Laufkundschaft ins Gespräch kommen, brauchen Sie einen so genannten Stopper. Ein Stopper ist ein Ausstellungsstück, eine Demonstration oder ähnliches, das die Aufmerksamkeit der Besucher, insbesondere der Laufkundschaft, auf sich zieht und sie so zum Verweilen einlädt. Dazu zwei Praxisbeispiele: Ein Anbieter für Hygienepapiere stellte eine Harley-Davidson auf die Ecke seines Messestandes. Das meist männliche Publikum blieb bei diesem Motorrad stehen und betrachtete es ausgiebig. Das war der ideale Zeitpunkt, um die Laufkundschaft anzusprechen. Die Ansprache erfolgte über das Exponat, in etwa so: „Ich sehe, Sie schauen sich unsere Harley an. Die hat natürlich nichts mit unseren Produkten zu tun …" So war man dann im Gespräch. Zweites Praxisbeispiel: Auf einer Elektronikmesse wurde eine drei Mal drei Meter große Wand mit Elektronikbauteilen bestückt. Diese leuchteten und machten Geräusche. Die Besucher blieben stehen, weil sie die Wand nicht zuordnen konnten. Auch hier wurden sie dann direkt angesprochen.

▶   **Tipp** Bauen Sie Stopper ein, wenn Sie Laufkundschaft ansprechen wollen.

Beispiel Hugo Boss

Manche Unternehmen kommen zu dem Schluss, dass sich andere Aktivitäten rund um die Messe besser eignen, um ihre Stammkunden noch enger zu binden.

Wie es zum Beispiel die Hugo Boss AG machte. Das schwäbische Modeunternehmen baute immer zweimal im Jahr einen gigantischen Stand auf der Herren-Mode-Woche in Köln auf. Ein „gigantischer Stand" bedeutet: Die komplette Halle 4 bildete den Stand von Hugo Boss. Diese Messebeteiligung verschlang natürlich ein Millionenbudget.

Hugo Boss hatte weitestgehend die Neukunden, die das Unternehmen haben wollte. Es ging ihm bei der Messe also nicht um die Neukundengewinnung, sondern darum, Stammkunden zu pflegen und die Messe zu einem Event werden zu lassen. Doch dafür war es viel zu teuer, zweimal im Jahr diesen enormen Aufwand zu betreiben – zumal die Messe vom Zeitpunkt her nicht optimal lag. Die Leitmesse in Florenz fand einen Monat vorher statt und bildete damit die Trendmesse. Dort wurden die neuen Kollektionen vorgestellt.

Hugo Boss entschied deshalb, sich nicht mehr an der Herren-Mode-Woche zu beteiligen. Stattdessen veranstaltet das Unternehmen jetzt regelmäßig Events für Stammkunden. Dort wird vom Allerfeinsten aufgefahren. Die Kunden unterhalten sich noch Wochen später darüber. Wer dort ist, gehört „dazu". Wer nicht da war, will auf jeden Fall das nächste Mal dabei sein. Auf diesen Events wird das Image des Unternehmens gepflegt. Für Hugo Boss ist dies voraussichtlich die bessere Alternative zu einer teuren Messebeteiligung.

Messeziel „Neukundenakquise"

Nicht anders verläuft Ihre Planung, wenn Sie sich als Ziel setzen, auf der Messe neue Kunden zu akquirieren (siehe Abb. 2). Zunächst einmal sind dann folgende Fragen zu stellen:

- Wie viele Neukunden sollen gewonnen werden?
- Gibt es bestimmte Kunden, die geworben werden sollen (Definition der Zielgruppe)?

Abb. 2 Eine Messe eignet sich hervorragend zur Akquise neuer Kunden

- Ab wann ist ein Kunde tatsächlich ein Neukunde (ab welchem Umsatz, ab welcher Anzahl von Bestellungen, ab welcher regelmäßigen Bezugsdauer)?
- Wie viel Euro Neu-Umsatz soll durch die Messe erreicht werden?

Je nach Ihrer Situation und den Produkten oder Leistungen, die Sie anbieten, müssen Sie zusätzliche, detaillierte Fragen definieren, deren Beantwortung zu Ihren konkreten Zielen führt.

Kennen Sie die folgende Geschichte? Unter einer Straßenlaterne steht ein Betrunkener und sucht und sucht. Ein Polizist kommt daher, fragt ihn, was er verloren habe, und der Mann antwortet:

„Meinen Schlüssel." Nun suchen beide. Schließlich will der Polizist wissen, ob der Mann sicher ist, den Schlüssel gerade hier verloren zu haben, und jener antwortet: „Nein, nicht hier, sondern dahinten – aber dort ist es viel zu finster." (nachzulesen in Paul Watzlawick, Anleitung zum Ünglücklichsein, München, 15. Auflage 2009).

Was Ihnen diese Geschichte zeigen soll: Definieren Sie vorher die Zielgruppe, die Sie auf der Messe gewinnen wollen, damit Sie nicht im Nachhinein feststellen, dass Sie die falsche Zielgruppe akquiriert haben, die möglicherweise nicht Ihren Vertriebszielen entspricht.

Was bringt es Ihnen, wenn Sie anschließend eine Menge C-Kunden ohne Potenzial haben?

Beispiel Zeitplansysteme

Als Beispiel, wie die Planung des Messeziels „Neukundenakquise" funktioniert, kann eine Firma dienen, die Zeitplansysteme, also weiterentwickelte Terminkalender herstellt und vertreibt. Das Unternehmen hat vor einigen Jahren eine Software entwickelt, mit der sich die Verwaltung von Terminen und Wiedervorlagen am PC abwickeln lässt. Diese komplett neue Software sollte auf der CEBIT, der weltgrößten Computermesse, eingeführt werden. Für das Unternehmen war das Marketinginstrument Messe noch völlig neu.

Im Vorfeld der Messe wurde das Messebudget genau kalkuliert. Ergebnis: Die gesamte Investition für die Messebeteiligung würde sich auf 100,000 € belaufen. Darin waren der Bau des Standes, die Messebesatzung, die werblichen Maßnahmen vor und nach der Messe, die Exponate usw. enthalten.

Um diese Investition zu rechtfertigen, so errechnete das Unternehmen, sei ein direkt den Messekontakten zurechenbarer Umsatz von 200,000 € notwendig. Da das Unternehmen von einem durchschnittlichen Umsatz von 2,000 € pro Neukunde ausging, mussten demnach 100 neue Kunden auf der Messe gewonnen werden, damit diese sich rentierte. Ein klar messbares Ziel: 100 Neukunden – 200,000 € Umsatz.

Das Unternehmen entwickelte mithilfe eines Unternehmensberaters eine genaue Messestrategie zur Erreichung seiner Ziele. Im Vorfeld der Messe wurden 5,000 Mailings an „warme" Adressen verschickt. Damit wurden Personen oder Unternehmen bezeichnet, mit denen das Unternehmen auf irgendeine Weise schon einmal Kontakt gehabt hatte, die aber noch nicht auf der Kundenliste standen, also noch nie etwas bestellt hatten. Das Anschreiben hatte auf der Rückseite eine Response-Möglichkeit: Hier konnten Interessenten ankreuzen, wann sie zu der Messe kommen wollten, ob bzw. wann sie einen Termin wünschten oder ob sie nicht kommen könnten, aber trotzdem Unterlagen haben wollten. Die Quote der Antworten auf das Mailing lag bei fünf Prozent, 250 der Personen beantworteten sie und wollten einen Termin.

In einer zweiten Stufe der Messeeinladungen kontaktierte das Unternehmen noch einmal telefonisch 200 Personen, die auf das Mailing nicht geantwortet hatten. Daraus ergaben sich weitere 25 Termine für die Messe. Außerdem wurden bereits auch drei Termine für die Zeit nach der Messe vereinbart. Das Unternehmen ging also mit etwa 280 Terminen auf die CEBIT.

Ich erzähle Ihnen später noch mehr über den Messeauftritt dieser Firma und darüber, was das Unternehmen aus den Terminen mit den Neukunden machte. Hier soll Ihnen das Beispiel lediglich verdeutlichen, dass das Ziel Neukundengewinnung im Vorfeld genauer und strategischer Vorbereitung bedarf. Sie können nicht einfach auf die Messe gehen und darauf hoffen, dass neue Kunden vorbeischauen, die Sie dann akquirieren. Einer Statistik des AUMA (Ausstellungs- und Messeausschuss der Deutschen Wirtschaft in Berlin, www.auma.de) zufolge verplanen Geschäftsleute, die eine Business-Messe besuchen, 90 % ihrer Zeit auf der Messe mit fest terminierten Besuchen. Stehen Sie nicht in dem Terminkalender Ihrer möglichen Kunden, so haben Sie nur eine Chance von etwa zehn Prozent, dass dieser Besucher zufällig an Ihrem Stand vorbeiläuft, dort stehen bleibt und auch noch Zeit für ein Gespräch mit Ihnen hat. Verlassen Sie sich nicht auf diesen Zufall, sondern erhöhen Sie Ihre Chance durch klare Zielsetzung und Vorbereitung von 10 auf 100 %.

Kennen Sie den Akquisetrichter im Zusammenhang mit einer Messe? Bitte stellen Sie sich einen Trichter vor, oben breit und unten ganz schmal. Unten aus dem Trichter sollen entsprechende Umsätze über Neukunden herauskommen. Was ist Ihr Umsatzziel? Schreiben Sie es in Euro auf. Wie ist der durchschnittliche Auftragswert eines Neukunden in einem bestimmten Zeitraum? Schreiben Sie auch den auf. Das soll unten herauskommen. Jetzt arbeiten Sie den Trichter von unten nach oben hoch, um so zu ermitteln, welche Maßnahmen in welcher Quantität Sie ergreifen müssen. Beispielsweise liegt als nächste Stufe über dem Umsatz: Angebote schreiben, darüber: Besuche durch den Außendienst, darüber: Terminvereinbarungen auf der Messe für den Außendienst, darüber: Messegespräche, die ein Wertpapier zur Folge haben, darüber: Messegespräche, darüber: Terminzusagen von potenziellen Neukunden für die Messe, darüber: Telefonakquise zur Terminvereinbarung für den Außendienst und für die Messe, darüber: ein breit gestreutes, qualifiziertes Mailing mit Responsemöglichkeit, darüber: Definition der Zielkunden/Zielgruppe.

Es macht durchaus Sinn, auf einer großen Tafel oder einem Flipchart diesen Akquisetrichter für Ihre Messe zu visualisieren und mit dem kompletten Vertriebsteam durchzusprechen. So weiß jeder, wie viel an welcher Stelle von ihm gefordert ist. Sie können immer wieder kontrollieren, ob Sie noch auf dem richtigen Weg sind und inwieweit Ihre Messeziele in den einzelnen Phasen noch realistisch sind.

Verschiedene Ziele für verschiedene Messen

Im Zweifel haben Sie nicht nur ein Ziel, sondern gleich mehrere, wenn Sie auf eine Messe gehen: etwa Neukundenakquise, Stammkundenpflege, Imagepflege und Präsentation neuer Produkte. Damit Sie all dies auch wirklich „unter einen Hut" bekommen, gilt es im Vorfeld zu prüfen:

- Sind die verschiedenen Ziele miteinander vereinbar?
- Welche Messe passt zu welchen Zielen?

Das Beispiel der „Scott Sports Group" kann dies gut illustrieren. Der Fahrradhersteller mit Sitz in der Schweiz ging vor einigen Jahren einen neuen Weg.

In den 80er-Jahren fand alle zwei Jahre eine Fahrradmesse in Köln statt. Anfang der 90er-Jahre kam dann die Messegesellschaft in Friedrichshafen auf die Idee, diesen Rhythmus zu verkürzen und schaltete sich mit einer Messe für die Fahrradbranche genau in die Jahre dazwischen. Das ging einige Zeit gut. Doch dann kam die Messegesellschaft in Köln auch auf die Idee, den Rhythmus ihrer Messe auf zwölf Monate zu reduzieren. Von diesem Zeitpunkt an besaß die Fahrradbranche zwei Messen, die sie mächtig ins Schwitzen brachten: Zwischen der Messe in Friedrichshafen und der Fahrradmesse in Köln lagen nur etwa zwei bis sechs Wochen. Die Aussteller mussten die Grundsatzentscheidung treffen, ob sie den Marathon beider Messen mitmachen wollten oder sich nur an einer der beiden beteiligen wollten. Und wenn nur an einer, stellte sich die Frage: „An welcher?"

Die Fahrradmarke „Scott" fand eine ganz neue eigene Lösung. Sie entschied, die Messeziele „Image" und „Größe zeigen" in Friedrichshafen umzusetzen. Trotzdem wollte das Unternehmen in Köln Flagge zeigen, weil der dortige Messeort im Bereich der Neukundengewinnung als wichtig erachtet wurde. Doch ein Messestand sollte es nicht noch einmal sein. Man überlegte also, was gerade neue Kunden anziehen könnte und kam auf folgende Idee: Zusammen mit anderen Trendsettern der Branche, wie den Fahrradmarken „Trek" oder „Specialized", wurden Veranstaltungsräume in einem benachbarten großen Hotel gemietet, um dort parallel zur Messe eine eigene Fahrradausstellung zu präsentieren. Das fiel mehr auf und zog die richtigen Kunden an, nämlich die Einzelhändler, die vorab persönlich eingeladen wurden. Auf die Zielgruppe der Endkunden wurde dort bewusst verzichtet. Dieser hatten die Unternehmen schon am Bodensee ihre neue Kollektion präsentiert. Jetzt ging es um den Bereich „Business-to-Business". Der Vorteil für die Kunden war, dass sie auf der gesonderten Fahrradausstellung mehr Ruhe hatten, um sich speziell über die neuesten Trends der Marken zu informieren oder ihre Order zu platzieren. Nebenbei wurden sie natürlich zu einem leckeren Imbiss eingeladen …

▶   **Fazit:** Ihre Messeziele entscheiden über die Art und Weise Ihres Auftritts. Besondere Ziele erfordern besondere Aktivitäten.

Erwartungen der Messebesucher

Ihre Messeziele werden auch von den Erwartungen der Messebesucher beeinflusst. Sie kennen die Messen Ihrer Branche und können sicherlich im Vorhinein abschätzen, welche Erwartungen Ihre Besucher haben. Auf einer Publikumsmesse müssen Sie sich anders präsentieren als auf einer Fachmesse, auf einer Trendmesse anders als auf einer Regionalmesse, auf einer Inlandsmesse anders als auf einer Auslandsmesse.

Umfragen ergaben, dass beispielsweise in osteuropäischen Ländern das Produkt und die damit verbundene Produktpräsentation deutlich stärker im Vordergrund stehen. Dagegen sind in Deutschland Kommunikationsstände verbreitet, bei denen die Produkte oftmals nur noch als Fotos im Posterformat auf dem Messestand präsent sind. Andere Länder – andere Sitten. Auch auf den Messen.

Auf Fachmessen haben Besucher nach Umfrageergebnissen folgende Erwartungen:

- Informationen über technische Neuerungen: 80 %.
- Orientierung über geeignete Lieferanten für bestimmte Produkte: 64 %.
- Persönliche Kontakte zu Lieferanten herstellen: 58 %.
- Orientierung über bestimmte Erzeugnisse, um Anschaffungsentscheidungen nach der Messe vorzubereiten: 53 %.
- Information über Preise und Kosten bestimmter Produkte: 49 %.
- Orientierung über technische Funktionen und Beschaffenheiten bestimmter Produkte: 48 %.
- Konkrete Kaufabschlüsse: 15 %.

In bestimmten Branchen wird übrigens ein wahres Hardselling praktiziert. Das heißt, der Kunde kommt auf die Messe, um Messeangebote zu nutzen, die es nur dort vor Ort gibt. So etwas sehen Sie beispielsweise jedes Jahr auf der Medica in Düsseldorf, wenn es um den Verkauf von Ultraschallgeräten an Ärzte und Kliniken geht. Hier überbieten sich die Aussteller und Anbieter mit Messeangeboten, um so die Ärzte zum Kauf zu motivieren. Auch wenn die meisten meinen, dass diese Zeiten vorbei seien, ist dies ein klassisches Beispiel dafür, dass es auch noch Messen gibt, auf denen konkrete Kaufabschlüsse realisiert werden.

Checkliste: Fragen zur Zielbestimmung

1. Was wollen Sie mit Ihrer Messebeteiligung erreichen?
2. Bis wann wollen Sie das Ziel bzw. die Ziele erreichen?
3. Was steht Ihnen im Weg?
   - Gefühle? (Angst, Misstrauen, Selbstwertgefühl usw.)
   - Überzeugungen? („Alte" Glaubenssätze)
   - Erfahrungen? („Damals hat es auch nicht geklappt")
   - Innere Gebote? (Einschärfungen, Antreiber z. B. „Wir dürfen nicht …", „Wir sollten …", „Es muss perfekt sein.")
   - Sonst etwas?
4. Steht das zu erreichende Ziel möglicherweise mit einem anderen Ziel im Widerspruch?
5. Fügen Sie mit Ihrer Zielerreichung jemandem Schaden zu? (Personen, Umwelt)
6. Ist das Ziel genau definiert, vollständig, unmissverständlich?
7. Was können Sie zur Zielerreichung beitragen?
8. Welche Unterstützung brauchen Sie?
   - Informationen?
   - Erfahrungen?
   - Überzeugung?
   - Entscheidung?
   - Was sonst?

9. Welche Veränderungen werden eintreten, wenn Sie das Ziel erreicht haben?
10. Stimmen Sie den Folgen der Zielerreichung zu (z. B. bei Neukundengewinnung mehr Arbeitszeit)?
11. Wie können Sie Ihre Zielerreichung boykottieren?
12. Warum haben Sie die Zielsetzung bis jetzt noch nicht erreicht?
13. Ist das in der ersten Frage genannte Ziel immer noch ein Ziel von Ihnen?

Was ist machbar?

Wichtig beim Setzen Ihrer Messeziele ist, realistisch zu bleiben. Überprüfen Sie immer wieder, was unter den gegebenen Umständen machbar ist. Sonst überfordern und demotivieren Sie Ihre Mitarbeiter und vor allem Ihr Standpersonal. Fragen Sie also:

- Wie viele qualifizierte Messegespräche wollen oder können Sie auf der Messe führen?
- Wie lange darf ein qualifiziertes Messegespräch dauern?
- Wie detailliert wollen oder können Sie auf der Messe mit Besuchern diskutieren?
- Wie definieren Sie Ihre potenziellen Neukunden, wen wollen Sie haben bzw. wen wollen Sie nicht haben?
- Was ist das verbindliche Gesprächsziel auf dem Messestand – ein Termin?

Eine solche Quantifizierung von Messezielen hat für Ihr Standteam den unschätzbaren Vorteil, dass es weiß, woran es ist und was von ihm erwartet wird.

Analyse der Stärken und Schwächen

Zur Überprüfung der Realisierbarkeit Ihrer Ziele gehört auch, dass Sie die Stärken Ihres Unternehmens analysieren. Dann können Sie einschätzen, ob Sie Ihre Ziele erreichen können:

- Welche Stärken hat Ihr Unternehmen, Ihr Angebot, Ihr Messeteam, Ihr Markt?
- Welche Ihrer positiven Eigenschaften können Sie einsetzen, um Ihr Messeziel zu erreichen?

Wenn Ihre Mitarbeiter die Stärken des Unternehmens klar vor Augen sehen, können sie diese auch deutlich kommunizieren und bei den Kunden zur Geltung bringen.

Umkehrt sollten Sie vor den Schwächen kein Auge zudrücken. Wenn Sie sich ihrer im Vorfeld bewusst werden, können Sie rechtzeitig geeignete Maßnahmen treffen, um mögliche negative Auswirkungen auf Ihre Messeziele zu verhindern.

- Welche Schwächen hat Ihr Unternehmen, Ihr Angebot, Ihr Messeteam, Ihr Markt?
- Welche Ihrer negativen Eigenschaften könnten Sie daran hindern, Ihr Messeziel zu erreichen?

Flexibilität

Unvorhergesehene Ereignisse erfordern unter Umständen eine Neufassung von Messezielen. Unter Umständen ändert sich, nachdem Sie Ihre Messeziele bestimmt haben, die wirschaftliche Situation drastisch, politische Ereignisse ändern den Rahmen, Katastrophen (beispielsweise der Terroranschlag in New York am 11. September 2001) sorgen für völlig andere Stimmungen und Ausgangssituationen. Auch in Ihrem Unternehmen kann es Umbrüche und neue

Entwicklungen geben. Darauf müssen Sie natürlich reagieren. Ihre Messeziele dürfen nicht, einmal formuliert, wie in Stein gemeißelt als ewige Wahrheiten feststehen. Sie müssen sie immer wieder daraufhin überprüfen, ob sie noch in die momentane Situation Ihres Unternehmens und in die äußeren Gegebenheiten passen.

Beispiel: Ziele für die inter airport 2001

Mit der Firma Lufthansa LEOS Ground Support Professionals erarbeitete ich für die Messe inter airport europe 2001 im Vorfeld die Messeziele:

- Neukundenakquise
- Imagepflege: LEOS' Aufgabe und Stärke proklamieren
- Bedingte Stammkundenpflege

Konkretisierung

Diese Ziele wurden in einem nächsten Schritt konkretisiert:

Neukunden: Es sollten fünf Neukunden aus dem Raum Europa, Asien, Afrika oder Südamerika gewonnen werden (fünf Neukunden empfinden Sie als wenig?! Lufthansa LEOS ist im Investitionsgüterbereich tätig!). Mit ihnen sollte ein Umsatz von 2 Mio. € in einem bestimmten Zeitraum nach der Messe getätigt werden.

Imagepflege: Es sollten 100 Kontakte geknüpft werden (mit Messeberichten belegbar, siehe Seite xxxff.), im Voraus 20 feste Termine für die Messe vereinbart und eine klar umrissene Mailingaktion vor der Messe durchgeführt werden. Außerdem sollten im Vorfeld zwei Presseberichte erscheinen, für die es einen bestimmten Aufhänger gab.

Stammkundenpflege: Es sollten zehn feste Termine mit ausgewählten Kunden im Vorfeld der Messe vereinbart werden und nach der Messe mit den Stammkunden ein Umsatz von einer Million Euro über einen bestimmten Zeitraum getätigt werden.

Änderung der Ziele

Aufgrund des Terroranschlags in New York vom 11. September 2001 geschah genau das, was ich eben ansprach: Wir mussten die Ziele ändern. Die Situation, besonders für die Luftfahrtbranche, hatte sich drastisch geändert und die Ziele waren unrealistisch geworden. Dies wurde in einem zweiten Schritt berücksichtigt und die Ziele wurden nach unten korrigiert.

Fazit

Wie wollen Sie Ihrem Standteam eine Orientierung für das Verhalten auf dem Messestand geben, wenn Sie keine konkreten, messbaren Ziele haben und diese kommunizieren? Wie wollen Sie ein konkretes Messecontrolling durchführen, wenn Sie im Vorfeld die Kennzahlen nicht definiert haben? Eine Messebeteiligung ohne klare Messeziele verschwendet Marketingbudgets!

Schritt: Voraus gedacht – Die Planung einer Messe

Die Messeplanung hört bei der Festlegung Ihrer Ziele noch nicht auf. Es gibt noch eine Menge zu tun und zu überlegen, ehe Sie tatsächlich auf die Messe gehen:

- das Ausstellungsprogramm festlegen,
- die Termine planen,
- den Stand entwerfen,
- die Kosten fixieren,
- einen Zuständigkeitsplan entwerfen,
- Werbung für die Messe betreiben,
- Pressearbeit machen,
- die Logistik festlegen,
- das Standteam motivieren.

Das Ausstellungsprogramm

Sie haben Ihre Ziele für die Messe festgelegt. Die Frage lautet jetzt: Wie sollen diese Ziele in konkrete Aktivitäten umgesetzt werden? In diesem ersten Schritt planen Sie die einzelnen Aktivitäten noch nicht im Detail. Aber Sie fällen eine Reihe von grundsätzlichen Entscheidungen, durch die Umfang und Ablauf der Messe Gestalt annehmen.

D. Kreuter, *Erfolgreich akquirieren auf Messen,*
DOI 10.1007/978-3-658-02988-3_3, © Springer Fachmedien Wiesbaden 2014

Dann können Sie sich um die Einzelheiten der Vorbereitung kümmern.

Einzel- oder Gemeinschaftsbeteiligung

Je nach Zielen, Budget und Messe kann es sinnvoll sein, sich mit anderen Unternehmen zusammenzutun und einen gemeinschaftlichen Messestand zu organisieren. Überlegen Sie sich:

- Wer käme als Partner in Betracht?
- Was wären die Vorteile und Synergieeffekte einer solchen Kooperation? (Kostenersparnis, gemeinsame Aktionen, größere Aufmerksamkeit anziehen etc.)
- Was wären die Nachteile? (Organisation und Abstimmung, Kompromisse, geteilte Aufmerksamkeit)
- Gerade bei Auslandsmessen bieten der Bund oder die Länder immer wieder interessante Kooperationsstände im Deutschen Messepavillon. Hier locken nicht nur umfangreiche Subventionen für die Messebeteiligung, sondern auch ein kontaktförderndes Rahmenprogramm mit Empfängen und Pressekonferenzen.

Die Entscheidung hängt sicherlich im starken Maße davon ab, welche Bedeutung die Messe für Ihr Unternehmen hat. Wollen Sie im Wesentlichen Präsenz zeigen oder weniger investieren, so bietet sich eine Kooperation an. Wollen Sie die Messe zur Kundenpflege und Akquisition nutzen, ist ein Alleinauftritt ratsamer.

Standaufteilung

Ihre Messeziele beeinflussen auch die Raumaufteilung an Ihrem Stand. Sollen den Besuchern vorrangig Ihre Produkte präsentiert werden, so wird Ihr Stand über große Präsentations- und Ausstellungsflächen verfügen. Ein Besprechungsraum wird dagegen nur klein ausfallen, da Sie ihn weniger nutzen werden. Geht es dagegen mehr darum, den Besuchern Informationen darüber zu übermitteln, wozu Gespräche mit ihm geführt werden müssen, so wird der Platz für Besprechungsräume größer und der für Präsentationen kleiner ausfallen. Teilen Sie also Ihren Zielen entsprechend den Raum Ihres Standes auf.

Exponate

Wiederum orientiert an Ihren Zielen legen Sie fest, welche Exponate Sie mit auf die Messe nehmen wollen:

- Welche Produktarten sollen präsentiert werden?
- Welche Größe haben diese Produkte?
- Wie viele Exemplare wollen Sie mitnehmen?
- Welchen Eindruck vermittelt Ihre Auswahl an Produkten dem Besucher?

Demonstrationen

Spezielle Produktdemonstrationen sagen oft mehr als tausend Erklärungen in der Präsentation. Was der Kunde sieht, begreift er schneller. Diesen Effekt können Sie sich natürlich auf der Messe zu Nutze machen. Die Frage ist nur, was machbar ist. Wählen Sie ein Produkt aus,

- das Ihr Standpersonal ohne Schwierigkeiten bedienen kann,
- das einen für den Besucher deutlich sichtbaren Vorführeffekt gewährleistet,
- dessen problemloser Einsatz sich bewährt hat und
- von dem keine Schwierigkeiten zu erwarten sind.

▶ Eine Demonstration, die nicht funktioniert, bewirkt genau das Gegenteil dessen, was Sie beabsichtigen.

Aktionen

Was wollen Sie den Besuchern während der Messe außer Produktdemonstrationen bieten? Möglicherweise haben Sie bestimmte Kundengruppen, die Sie pflegen möchten, indem Sie ihnen spezielle Veranstaltungen anbieten (Abendessen, Fest, Sonderschau, Incentive). Sie können den Besuchern Ihres Standes auch ein spezielles Freizeitprogramm offerieren, das unter Umständen gar nichts mit Ihren Produkten und Leistungen zu tun hat. Je nachdem, was die Umgebung, in der die Messe stattfindet, bietet, können Sie Stadtführungen, Wellness- und Sportangebote, Ausstellungsbesuche, Modenschauen etc. organisieren.

Neben den Besuchern können Sie auch gezielt Veranstaltungen planen, mit denen Sie die Medien ansprechen und auf sich aufmerksam machen (Pressekonferenzen, spezielle Vorführungen, Essen etc.).

Ebenfalls ein interessantes Instrument bei einer Messebeteiligung ist eine Standparty. Es gibt immer wieder die Situation, dass sowohl Stammkunden an den Stand kommen als auch Neukunden akquiriert werden sollen. Stellen Sie sich vor: Sie sind in einem Gespräch mit einem Stammkunden, und ein Neukunde nähert sich interessiert. Wie können Sie den Stammkunden jetzt schnell „verabschieden", ohne dass es überstürzt wirkt, damit Sie sich um den Neukunden kümmern können? Der Hinweis auf die Standparty ist die ideale Möglichkeit dafür. Bieten Sie beispielsweise am vorletzten Messetag, dieser Tag hat sich in der Praxis sehr bewährt, eine Standparty für Ihre Bestandskunden an. So haben Sie die Gelegenheit, Ihre Kontakte und Beziehungen zu pflegen, gleichzeitig die Gespräche auf dem Messestand jedoch stark zu verkürzen, weil Sie jeweils auf das Gespräch bei der Standparty hinweisen können. Standparties haben auch ein besonderes Image auf Messen. Darüber wird gesprochen, gerade unter den Besuchern. „Wo sehen wir uns heute Abend? Auf welcher Party bist Du?"

Der Vorteil von Messeparties ist: 1. Die Branche ist sowieso dort. 2. Eine Messeparty ist zeitlich sehr begrenzt. Normalerweise ist gegen 21.00 Uhr oder 22.00 Uhr Schluss. Länger gibt die Messeleitung kein grünes Licht für eine solche Veranstaltung. Denn schließlich müssen nachts die Wachleute auch ihren Dienst versehen, und die Messehallen werden verschlossen.

Motivation der Mitarbeiter

Messen sind anstrengend, denken Sie deshalb auch an Ihre Mitarbeiter. Was können Sie tun, um deren leibliches und seelisches Wohl im grünen Bereich zu halten und somit deren Motivation für die Messearbeit zu stimulieren? Diese Aktivitäten haben wahrscheinlich Auswirkungen auf die Planung Ihres Stands (Küche etc.).

Anforderungen an den Stand

Aus den bisher gefällten Entscheidungen ergibt sich, welche Anforderungen Sie generell an den Stand haben:

- Wo sollte er platziert sein?
- Welche Größe und welche Höhe muss er haben, damit Sie Ihre Produkte ausstellen und vorführen können und damit ausreichend Raum für Besprechungszimmer oder -ecken vorhanden ist?

Möglicherweise brauchen Sie für bestimmte Aktivitäten zusätzliche Räume:

- für spezielle Konferenzen, Seminare, Podiumsdiskussionen, Pressekonferenzen,
- für Rahmenveranstaltungen, Unterhaltungsprogramme für die Besucher,
- für die für Mitarbeiter geplanten Maßnahmen.

Deshalb gilt es zu prüfen, ob dafür auf der Messe bereits bestimmte Räume vorhanden sind, die Sie anmieten oder reservieren können, oder ob Sie sich außerhalb der Messe nach geeigneten Lokalitäten umsehen müssen. Vielleicht wollen Sie bestimmte Kundengruppen pflegen, indem Sie ihnen ein spezielles Programm an einem besonderen Ort anbieten (Abendessen, Fest, Sonderausstellung etc.).

Terminplanung

Erst liegt die Messe in weiter Ferne – und dann stellen Sie plötzlich fest, dass der Countdown läuft. Um nicht unter Zeitdruck zu geraten, ist es zweckmäßig, dass Sie sich gleich nach Ihrer Entscheidung, an einer Messe teilzunehmen, einen Zeitplan machen. So manches können Sie nämlich schon frühzeitig in Angriff nehmen. So verhindern Sie, dass Sie unter Stress geraten, wenn die Messe näher rückt.

Die wichtigsten Termine finden Sie in der folgenden Aufstellung. Erweitern Sie diese je nach den Anforderungen Ihrer Messe. Bei großen Messebeteiligungen ist es hilfreich, einen Netzplan mit den einzelnen Aufgaben und Terminen aufzustellen.

Nach der Entscheidung für die Messe sind folgende Termine zu berücksichtigen:

- Voranmeldung
- Anmeldung
- Zulassung
- Hotelreservierungen für das Standteam
- Aufbaubestimmungen erkunden

- Aufbaupapiere besorgen (Einfahrscheine, Aufbaukarten etc.)
- Gestaltung des Stands
- Genehmigung für die Gestaltung von der Messegesellschaft einholen
- Auftragsvergabe an Messebaufima, Grafiker, Architekten etc.
- Subventionsmöglichkeiten klären
- Bezahlung der Standmiete
- Abschluss von Versicherungen
- Informationsmaterial für Besucher (unter Umständen mehrsprachig)
- Präsentationsunterlagen (Filme, Dokumente, Multimediaeinsatz etc.)
- Maßnahmen der Standbewerbung
- Vorbereitung der Pressekonferenzen und Medienarbeit
- Organisation von Transportraum und Lagermöglichkeiten
- Training des Standteams; Verfassen von Informationsmaterial für das Standpersonal

Kurz vor der Messe kommen diese Termine auf Sie zu:

- Standaufbau nach Terminvorgabe der Messegesellschaft
- Abnahme der Standbauarbeiten
- Zusätzliche Installationen
- Dekoration des Stands
- Versand von Exponaten zur Messe
- Abreise des Standpersonals
- Einweisung und Training des Standpersonals

Während der Messe sind folgende Termine wichtig für Sie:

- Eröffnung
- Begleitendes Programm
- Fotograf, Umfragen

Nach der Messe sind noch zu beachten:

- Abbau nach Terminvorgabe der Messegesellschaft
- Rückversand der Exponate
- Einlagerung

Standentwurf

Jetzt können Sie sich näher mit Ihrem Stand beschäftigen. Er ist der Rahmen für Ihre Aktivitäten und sollte nicht nur eine gute Wirkung nach außen erzielen, sondern auch für Ihr Standpersonal praktikabel und unterstützend sein. Wichtige Überlegungen hinsichtlich des Stands sind in der Regel die folgenden Aspekte.

Standtyp

Erkundigen Sie sich zunächst nach den auf der Messe geltenden Standbauvorschriften und den örtlichen Gegebenheiten. Je nach Verlauf der Besucherströme, der Platzierung Ihrer Wettbewerber, der Standorte von allgemeinen Informationsständen und von Räumen für das Begleitprogramm oder Restaurants wählen Sie den für Sie günstigsten Platz auf der Messe. Dieser hängt natürlich auch von Ihren Messezielen und Ihrem Messeetat ab.

Haben Sie den Standort bestimmt, gilt die nächste Frage dem Standtyp. Möglich sind beispielsweise:

Reihenstand: Hier ist eine Seite zum Gang hin offen.

Eckstand: Zwei Seiten öffnen sich zu den sich kreuzenden Gängen.

Kopfstand: Die Besucher können von drei Seiten den Stand betreten.

Blockstand: Er ist von allen Seiten hin zugänglich.

Wollen Sie mit Ihrem Stand lieber ins Freie, dann bieten sich Ihnen folgende Alternativen:

Freiausstellungsflächen: Auch wenn die Messe in sonnigen Gefilden stattfindet – ein Wetterschutz ist immer zu empfehlen. Gegen Regen und auch als Schattenspender.

Ausstellungsbus: Mit einem Bus können Sie Ihren Stand direkt auf die Messe fahren. Das lohnt sich vor allem bei wiederholter Nutzung.

Zelt: Eine eigene kleine Messehalle können Sie mithilfe eines Zeltes errichten.

Pavillon: Eine eigene Halle bildet auch ein Pavillon, der noch solider wirkt.

Standgestaltung

Nun sind die „Essentials" Ihres Stands geklärt. Jetzt können Sie an die Feinplanung gehen, gemeinsam mit Architekten, Grafikern, Dekorateuren, externen Messebauern und eigenen Mitarbeitern – wen auch immer Sie dazu heranziehen wollen. An folgende Aspekte sollten Sie dabei denken:

- Passt der Messestand zu dem Erscheinungsbild Ihres Unternehmens (Corporate Identity)?
- Beziehen Sie in die Gestaltung auch die Hallenbeleuchtung, die Lichtführung, die Bodenbeschaffenheit und den notwendigen Raum für Präsentationen mit ein. Entsprechendes gilt auch für Ihren Stand im Freigelände – besonders die Bodenbeschaffenheit ist hier von Bedeutung.
- Wie viele Besprechungskabinen werden Sie benötigen? Wie groß sollen sie sein, mit welcher Ausstattung sollen sie versehen werden?
- Planen Sie Platz für Küche, Bewirtungsraum und Lager ein.
- Brauchen Sie einen Vorführraum für Dias, Filme, Multivision, Talkshow, Konferenzen etc.?

- Je nach Messe und Produkt bzw. Leistung kann es sein, dass die Standbeschriftungen und das Informationsmaterial mehrsprachig sein sollten. Liegen Übersetzungen vor?

▶ Wichtig in dieser Phase: Beachten Sie die Aufbaubestimmungen der Messe. Sonst müssen Sie in letzter Minute Umbauarbeiten vornehmen. Besorgen Sie außerdem rechtzeitig die notwendigen Papiere (Anfahrtsberechtigung etc.), damit Ihr Aufbau reibungslos vonstatten gehen kann.

Standausrüstung

Ihr Stand steht – jedenfalls auf dem Papier. Wenn die Pläne, Grundrisse und Modelle vorliegen, dann kontrollieren Sie, ob die notwendigen technischen Ausrüstungen vorhanden sind. Die erste Tabelle enthält Ausrüstungsbestandteile, die auf alle Fälle gegeben sein müssen. Die zweite Tabelle zählt zusätzliche Ausrüstungsmöglichkeiten auf, die sich aus Ihren Zielen, Leistungen und Ausstattungszielen ergeben können (Tab. 1 und 2).

Am Ende dieses Kapitels finden Sie zwei hilfreiche Checklisten, die verhindern können, dass Sie Ausrüstungsgegenstände für Ihr Messebüro sowie Ihre Messeküche vergessen (siehe S. 55 ff.).

Kostenplanung

Messen sind kostspielig – so jedenfalls lautet das gängige Vorurteil. Meist weiß aber niemand so genau, mit wie viel tatsächlich gerechnet werden muss. Und wie viel auf der anderen Seite durch die Messe wieder eingenommen wird.

Die Planung des Messeetats gehört zu den ersten Aufgaben und sollte eng mit der Organisationsplanung verbunden werden. Denn

Tab. 1 Bestandteile der Ausrüstung Ihres Messestands

Wichtige Standausrüstung

Grundausstattung	Information	Verpflegung	Notfall
(Stark-)Strom	Telefonanlage	Sitzgelegenheit, Tische	Erste-Hilfe- Kasten
Wasserzu- und-abfluss	PC, Laptop	Kücheneinrichtung	Werkzeuge für Notreparaturen
Beleuchtung	Büroeinrichtung	abschließbare Schränke	Verlängerungsschnur
Beschilderung	–	–	Doppelstecker
Telefon, Fax, ISDN	–	–	Nähzeug
–	–	–	Fleckenentferner

Tab. 2 Mögliche zusätzliche Ausstattung für Ihren Stand

Mögliche zusätzliche Ausrüstung

Grundausstattung	Information	Verpflegung	Notfall
Gas, Öl	Personenrufanlage	Bar	Rauchutensilien (Aschenbecher, Streichhölzer)
Druckluft	Wechselsprechanlage	Bewirtungsraum	–
–	Projektionsgeräte, -wand	Garderobe	–
–	Beamer, DVD AV	–	–
–	Übersetzungsanlage (drahtlos, simultan)	–	–
–	Musikanlage	–	–
–	Fotoapparat	–	–

je nach der Höhe Ihres Etats müssen Sie unter Umständen Kompromisse machen und auf die eine oder andere gewünschte Maßnahme verzichten.

▶ Beachten Sie die entsprechenden Subventionsmöglichkeiten durch den Bund, die Länder und andere Organisationen. Diese Fördermöglichkeiten sind individuell verschieden. Eine Überprüfung, ob für Sie eine Förderung infrage kommt, ist immer zu empfehlen!

Am Ende dieses Kapitels finden Sie eine Aufstellung von Kostenpunkten, mit denen Sie erfahrungsgemäß rechnen müssen (siehe Seite xxf.).

Verkaufsbedingungen während der Messe

Wenn bereits auf der Messe Geschäfte abgeschlossen werden können, muss festgelegt sein, zu welchen Bedingungen das geschehen soll. Legen Sie deshalb Rabatte und Verkaufsbedingungen vorher fest, damit Ihr Standpersonal einheitlich und ohne langes Nachfragen vorgehen kann.

Zuständigkeitsplan

Klar abgegrenzte Zuständigkeitsbereiche verhindern, dass Arbeiten doppelt erledigt werden. Oder ganz liegen bleiben, was noch schlimmer ist. Am besten ist, wenn eine Person die Koordination übernimmt und den Überblick bewahrt. Die anderen Teammitglieder sind für Teilbereiche oder -aufgaben verantwortlich.

▶ Der Verantwortlichkeitsplan ist ein wichtiges Instrument: Sie sehen jederzeit auf einen Blick, wer was wann zu erledigen hat.

Die Einteilung in folgende Verantwortlichkeitsbereiche hat sich als günstig erwiesen:

- Koordination
- Messe-Anmeldung
- Buchung der Unterkünfte
- Einkauf Standgestaltung und Durchführung
- Einkauf Messetrainer und Planung der Schulungen
- Einkauf Standtransport und Durchführung
- Einkauf Standaufbau und Durchführung
- Einkauf Standausstattung und Durchführung
- Werbung
- Messeeinladungen
- Pressearbeit
- Messe-Veranstaltungsprogramm
- Freizeitprogramm für VIPs
- Auswahl des Messeteams, Schulung
- letzte Kontrolle
- Standübergabe
- Messestandfotos: eigener Fotograf mit Genehmigung der Messegesellschaft oder Fotograf der Messegesellschaft
- tägliche Lagebesprechung (Kick off, Abendandacht)
- Schlussbericht
- Messenacharbeit

Messewerbung

Eine Messeauftritt an sich ist bereits eine werbewirksame Maßnahme. Noch effektiver wird Ihr Auftritt, wenn Sie ihn durch spezielle Werbemaßnahmen begleiten. Dadurch können Sie im voll besetzten Messegelände das Spotlight zu bestimmten Zeiten auf sich richten. Meist bieten die Messegesellschaften umfangreiche Werbemittel an, um die Aussteller darin zu unterstützen. Wichtig dabei sind die folgenden Überlegungen.

Zielgruppe der Werbung

Wen wollen Sie durch Ihre Werbung erreichen? Welche Medien benutzt Ihre Hauptzielgruppe? An diese müssen Sie herantreten beziehungsweise sie nutzen, um Ihre Zielgruppe schon im Vorfeld auf sich und Ihren Messeauftritt aufmerksam zu machen. Werben können Sie aber auch durch Prospekte, Werbegeschenke usw.

Überlegen Sie, welche Werbemittel auf der Messe für Ihre Zielgruppe attraktiv sein könnten. Bitte nicht den hundertsten Flaschenöffner, den tausendsten Kugelschreiber oder das zehntausendste Feuerzeug offerieren. Es darf schon etwas origineller sein. Ideen finden Sie bei Anbietern von Werbe- und Geschenkartikeln (z. B. www.hach.de) oder mithilfe einer professionellen Werbeagentur.

► Besuchen Sie doch mal eine branchenfremde Messe und holen Sie sich dort neue Ideen und Anregungen.

Einheitliches Vorgehen

Ihre Werbemaßnahmen müssen mit der Verkaufsförderung, der Pressearbeit und anderen Mitteln Ihres Marketingmix abgestimmt sein. Die Werbemaßnahmen, die das Messeunternehmen anbietet, sollten auf die Ihres Unternehmens abgestimmt sein. Das heißt, Sie sollten nur dann auf sie zurückgreifen, wenn etwa die Anzeigenmotive für die Messe mit der generellen Werbelinie Ihres Hauses vereinbar sind.

Einheitlicher Auftritt

Es darf beim Besucher kein Zweifel aufkommen: Der Messestand muss sofort als zu Ihrem Unternehmen gehörig zu erkennen sein. Und natürlich auch alle Werbeartikel, die Sie Besuchern mitgeben.

Und unbedingt sollten Sie Besuchern etwas von Ihnen mitgeben, das ihn (und andere) an Ihr Unternehmen erinnert:

- Prospekte (eventuell preiswerte Mitnahmekataloge, um die Hauptkataloge zu schonen)
- Werbegeschenke (zu bedenken sind dann Preis, Anzahl, Zielgruppe, Thema)
- Tragetaschen, Becher, Kugelschreiber oder ähnliche Streuartikel

Vorbereitung

All Ihre Werbemaßnahmen müssen termingerecht fertig werden. Auch hier empfiehlt sich also ein genauer Terminplan:

- Herstellung der Prospekte (Text, Layout, Reinzeichnung, Satz, Lithographie, Druck)
- Herstellung der anderen Werbeartikel
- Versand der Werbemittel zum Stand

Pressearbeit

Ihre Werbung kann durch gezielte und informative Pressearbeit unterstützt werden. Sie hat den Vorteil, dass sie weniger kostet, aber natürlich nicht auf Abruf „bestellt" werden kann. Die Veröffentlichung bestimmter Themen lässt sich nur bedingt steuern. Pressearbeit betreiben Sie deshalb am besten langfristig. Wichtig dabei sind Fingerspitzengefühl, gute Kontakte zu Journalisten und vor allem: Nachrichten, die tatsächlich einen Nachrichtenwert haben.

- Wählen Sie Fach-, Publikums-, Wirtschafts- und Tageszeitungen aus, die für Ihre Pressearbeit geeignet sind, also von Ihren Zielgruppen gelesen werden.

• Holen Sie Angebote von PR-Agenturen ein.
• Geben Sie nur Meldungen oder Ereignisse mit echtem Informationswert für Ihre Zielgruppe an die Medien weiter.

Wenn Sie gute Pressekontakte und eine interessante Meldung haben, sollten Sie auf der Messe eine Pressekonferenz organisieren.

• Verschicken Sie rechtzeitig Einladungen, die den Vorlauf des Mediums berücksichtigen (Zeitschriften planen ihre Artikel oft wochenlang voraus).
• Erstellen Sie eine informative Pressemappe.
• Geben Sie Ihre Pressemappen auch an das Pressezentrum der
• Messegesellschaft weiter.
• Stellen Sie eine Person ab, die Ansprechpartner für Journalisten ist. Eine andere kümmert sich um die Bewirtung der Presseleute.
• Bauen Sie auf der Messe zu Stande gekommene Pressekontakte anschließend aus (Presseverteiler, „Dankeschön-Brief").

Am Ende dieses Kapitels finden Sie eine Checkliste, die Ihnen die Vorbereitung einer Pressekonferenz erleichtern kann (siehe Seite xx).

Logistik

Der Transport, die Verpackung und die Lagerung der Exponate und der Messeausrüstung werden oft vernachlässigt. Man denkt an die Vorbereitung der Messe und an die Messe selbst, aber nicht an den Weg vom Unternehmen zum Messeort. Wenn Sie hier Zeit, Geld und Nerven sparen wollen, dann sorgen Sie rechtzeitig für einen reibungslosen Ablauf. Die Checkliste am Ende des Kapitels stellt wichtige Überlegungen in Bezug auf die Planung der Logistik zusammen (siehe Seite xx).

Standteam

Sie können organisatorisch perfekt und Ihre Produkte und Leistungen hervorragend sein – die Wirkung wird verpuffen, wenn Sie Ihr Standpersonal nicht ebenfalls entsprechend auf die Messe vorbereiten. Verlassen Sie sich nicht darauf, dass Ihre Mitarbeiter im Gespräch mit Messebesuchern dann schon die richtige Eingebung haben werden, um die Messebesucher von den Produkten zu überzeugen. Die Erfahrung lehrt das Gegenteil. Die Messegespräche sind das Herzstück Ihres gesamten Auftritts – schließlich gehen Sie ja auf die Messe, um neue und alte Kunden anzusprechen. Kompetente und sachkundige Gesprächsführung ist besonders für die kurzen Messegespräche ungemein wichtig. Überlassen Sie deshalb den Verlauf dieser Gespräche nicht dem Zufall und Augenblick. Auf die Messegespräche gehe ich in den folgenden Kapiteln ausführlich ein.

Ihre Standmitarbeiter müssen sich aber auch auf die Gespräche konzentrieren können. Das heißt, das ganze „Drumherum" muss stimmen, sodass sie sich motiviert, gesättigt und gut „verwaltet" an die Arbeit machen können.

Hunter und Farmer

Kennen Sie das Prinzip „Hunter und Farmer"? Ich habe dieses Prinzip vor einigen Jahren einmal im Gespräch mit einer Führungskraft eines marktführenden Mobilfunkanbieters kennen gelernt. Diese Führungskraft berichtete mir, dass es für den Großkundenvertrieb, für den Vertrieb im Projektgeschäft, sechs Niederlassungen in Deutschland gibt. In jeder Niederlassung befinden sich 20 Vertriebsmitarbeiter. Diese 20 Vertriebsmitarbeiter sind unterteilt in zehn Hunter und zehn Farmer. Die Hunter haben nur einen Auftrag, nämlich neue Kunden, neue Projekte zu akquirieren. Nach sechs Monaten muss jeder Hunter automatisch den Kunden an den Farmer übergeben. Der Farmer hat dann wiederum den Auftrag, das

Potenzial dieses Kunden auszuschöpfen und ihn an das Unternehmen zu binden.

Beide Verkäufertypen sind völlig unterschiedlich. Ein Hunter wäre in der Position eines Farmers schnell unzufrieden. Er liebt die Abwechslung, er liebt Neukontakt. Ein Farmer wiederum wäre schnell unzufrieden in der Position des Hunters, denn für ihn ist der Umgang mit so viel Ablehnung und ständig neuen Gesprächspartnern nicht sehr angenehm. Dieser Vertriebsweg funktioniert bei dem Mobilfunkanbieter hervorragend!

Nun habe ich dieses für verschiedene Projekte im Messebereich mehrfach adaptiert, d. h. die Aussteller haben für ihr Messeteam bewusst Hunter und Farmer ausgesucht. Die Farmer sind die, die tiefer im Produkt, im Detail stecken. Es sind die, die wirklich Auskunft geben können und auch auf Detailfragen entsprechende Antworten haben. Die Hunter sind die so genannten Kontakter, das heißt, diese Mitarbeiter begrüßen permanent nur Besucher, sprechen sie an, qualifizieren sie und leiten sie dann bei entsprechendem Potenzial an den jeweiligen Farmer weiter. Der Vorteil dieser Methode ist, dass so immer ein aktiver „Blutaustausch" unter den Besuchern am Stand herrscht.

Die Auswahl der Mitarbeiter für den Bereich der Hunter ist die besondere Herausforderung. Was passiert normalerweise, wenn Sie einen Außendienstmitarbeiter auf eine Messe mitnehmen? (Ich weiß, wovon ich spreche. Ich war selbst neun Jahre als Handelsvertreter aktiv!) Der Außendienstmitarbeiter ist normalerweise ein so genannter „lonesome Cowboy". Er hat seinen Firmenwagen, sein Handy, sein Notebook und kann weitestgehend selbstbestimmt seinen Tag gestalten. Niemand schaut ihm dabei über die Schulter, und Besuchsberichte sind meistens recht gut gestaltbar. Nun, auf dem Messestand verhalten sich die meisten Außendienstmitarbeiter anders als im Tagesgeschäft. Es ist für sie ein fremdes Terrain. Sie suchen sich normalerweise den einen oder anderen Bestandskunden, setzen sich mit diesem in irgendeine Ecke und tauschen Jägerlatein aus. Man spricht über gute alte Zeiten, den Markt usw. Dann gibt es einen kleinen Alibiauftrag, um dem Chef zu zeigen, wie hart man um diesen Auftrag gekämpft hat. Schließlich muss es ja eine Begründung geben, warum dieser Mitarbeiter zwei Stunden lang keinerlei Neukontakte angesprochen hat. Dies ist eine ganz normale, wenn auch in diesem Beispiel etwas überzogene Vorgehensweise.

Damit Ihnen dies bei Ihrer Messebeteiligung nicht passiert, denken Sie doch einmal darüber nach, ob es Sinn macht, Ihren Außendienst zu Hause zu lassen. Oder ihn nur in der Funktion des Farmers einzusetzen und für die Funktion des Hunters, des Kontaktanbahners, Mitarbeiter aus dem Innendienst mitzubringen, vielleicht sogar motivierte Auszubildende oder motivierte Praktikanten, die sehr kontaktfreudig sind und – im positiven Sinne – hemmungslos auf Besucher zugehen. Die Besucheransprache sowie das Qualifizieren eines Besuchers sind relativ schnell erlernbar. Mit dem richtigen Training klappt dies schon nach einem Tag. Dann hätten Sie den entsprechenden Besucherstrom auf Ihrem Stand und könnten diesen an die Farmer abtreten. Die Hunter würden so einen entsprechenden Handlungsdruck bei den Farmern erzeugen.

Zielsetzung und Informationen

Mitarbeiter arbeiten motivierter, wenn sie wissen, wofür sie sich einsetzen. Ihnen müssen die Ziele klar sein, die Ihr Unternehmen mit der Messebeteiligung verfolgt. Sie tun sich auch leichter, wenn sie vorher schon wissen, mit welcher Zielgruppe sie es auf der Messe zu tun haben werden.

Sprechen Sie deshalb alle Produkte, Leistungen und Angebote, die auf der Messe präsentiert und angeboten werden, mit den Mitarbeitern gründlich durch. Bieten Sie ihnen Informationsmaterial an und geben Sie ihnen Gelegenheit, Fragen im Vorfeld mit den Verantwortlichen abzuklären. Außerdem müssen sie das Material kennen, das die Besucher der Messe bekommen sollen (Prospekte, Werbematerialien) und wissen, für welche Zielgruppe was gedacht ist.

Motivation

Messen sind anstrengend und motivierte Mitarbeiter sind auf Messen Gold wert. Überlegen Sie sich, wie sie Ihre Mitarbeiter auf der Messe motivieren können: etwa durch Incentives, geregelte Pausen, Termine für Zwischenbesprechungen, klare Absprachen. Und durch jede Menge Lob und Anerkennung.

Die Checkliste am Ende des Kapitels (Seite xx) gibt Ihnen einen Überblick, welche „Kleinigkeiten" noch bedenkenswert sind.

Kurz vor und während der Messe

Ehe Sie die letzte Besprechung im Unternehmen kurz vor Messebeginn führen, gehen Sie die in diesem Kapitel genannten Aspekte noch einmal in Ruhe durch. Erfahrungsgemäß stößt man noch auf Fehler, Missverständnisse oder Arbeiten, die vergessen wurden. Jetzt ist noch Zeit, Fehler auszugleichen und Mängel zu beheben.

Um alle Mitarbeiter auf der Messe gut zu erreichen, ist es hilfreich, eine Liste mit den für die einzelnen Bereiche verantwortlichen Mitarbeitern zu erstellen. Zweckmäßig für das Messepersonal ist eine Sammlung der wichtigsten Adressen und Telefonnummern am Messeort. Tauchen jetzt noch Unklarheiten auf, läuft etwas schief oder besteht Abstimmungsbedarf, so weiß wenigstens jeder, wer verantwortlich ist und wie er diese Person erreichen kann.

„Eigentlich" sollte jetzt nichts mehr schief gehen. Sie haben optimal geplant und alles gut vorbereitet. Unvorhergesehenes passiert natürlich dennoch ständig …

Regelmäßige Besprechungen

Deshalb ist wichtig, dass Sie während der Messe regelmäßige Lagebesprechungen vor und nach jedem Messetag anberaumen. (Manchmal nennt man diese Lagebesprechungen auch „Kick-off" und „Abendandacht".) Sie ermöglichen es Ihnen, kurzfristig auf die Ereignisse des Tages einzugehen. Halten Sie die Ergebnisse dieser Besprechungen fest, damit Sie die Umsetzung später nachvollziehen und kontrollieren können. Themen dieser täglichen Lagebesprechung sind beispielsweise:

- Welche Besucher werden erwartet (Neukunden, A-B-C-Kunden)?
- Welche speziellen Demonstrationen oder Themenschwerpunkte stehen an?
- Was lief am Vortag falsch?
- Ist der Stand noch in Ordnung?
- Ist ausreichend Nachschub vorhanden?
- Wer kann wo bzw. bei wem aushelfen?
- Klappt die Ablösung der Mitarbeiter, sind ausreichend Pausen möglich?
- Was kann über die Resonanz der Besucher festgehalten werden?
- Werden die wichtigsten Daten von potenziellen Kunden festgehalten? Gibt es Gesprächsnotizen (so genannte „Messeberichte", siehe Seite xxxff.)?
- Was gibt es über den Wettbewerb zu berichten?

Hilfreiche Checklisten zur Planung einer Messe

Hier finden Sie Checklisten, die Ihnen helfen können, Ihren Messeauftritt detailliert zu planen. Oft sind es „nur" Kleinigkeiten, die vergessen werden. Sie kosten jedoch auf der Messe viel Zeit und Mühe. Ergänzen Sie die Checklisten nach jedem Messeauftritt, um sie ganz auf Ihre spezielle Situation auszurichten.

Checkliste: Bürogeräte und –material

Auf der Messe festzustellen, dass Locher oder Taschenrechner fehlen, ist ärgerlich. Zwei wichtige Checklisten betreffen deshalb

Ihre Büroausstattung sowie Ihre Kücheneinrichtung – hier werden erfahrungsgemäß die meisten „Kleinigkeiten" vergessen.

- Visitenkarten
- Bürostühle
- Aktenschränke
- Radiergummi, Büroklammern, Heftzangen
- Bleistifte, Kugelschreiber, Tintenroller, Filzstifte
- Diktiergerät
- Taschenrechner
- Auftragsbücher, Bestellblöcke
- Blöcke für Telefon- und Besprechungsnotizen
- Adresskarteien bzw. Datenbank
- Briefpapier und -umschläge
- Versandtaschen
- Briefmarken
- Ordner, Schnellhefter
- Klebeband, Klebestift, Kleber
- Locher
- Kopierer
- Scheren
- Lineale
- Stempel, Stempelkissen
- Geschäfts-, Liefer- und Zahlungsbedingungen
- Prospektmaterial
- Verkaufsunterlagen in verschiedenen Sprachen

Checkliste: Kücheneinrichtung

- elektrischer Wassertopf
- Herd
- Mikrowelle
- Boiler
- Kühlschrank
- Gefrierschrank
- Spülmaschine

- Kaffeemaschine, Kaffeefilter, Filterpapier
- Kaffee, verschiedene Sorten an Teebeuteln
- Spülbecken
- Küchenschränke
- Geschirr, Gläser
- Korkenzieher, Dosen- und Flaschenöffner
- Besteck
- Tabletts
- Servietten
- Getränke: Sekt, Wein, Bier, Spirituosen, Fruchtsäfte, Mineralwasser
- Gebäck, Süßigkeiten
- Konserven
- frische Lebensmittel (Brot, Butter, Wurst, Käse, Obst)
- Putzmittel
- Reinigungsgeräte (Handtücher, Geschirrtücher, Putztücher, Besen, Spülmittel, Seife, Staubsauger und Staubsaugerbeutel)
- Mülleimer, Müllbeutel
- Schuhputzzeug

Checkliste: Kostenpunkte einer Messe

Die folgende Übersicht liefert eine Aufstellung der Kosten, mit denen Sie auf der Messe rechnen müssen. Ihr genaues Budget muss selbstverständlich vom betriebsinternen Rechnungswesen erstellt werden. Kostenrelevante Punkte sind in der Regel:

- Beteiligungspreis (Standmiete)
- Miete für zusätzliche Tagungsräume
- Kosten für Werbebeträge (Werbegeschenke, Streuartikel, Tragetaschen, Eintrittsgutscheine, Gastkarten, Prospektmaterial, Plakate, Aufkleber)
- Miete für Werbeflächen, Inserate
- Katalogeintragung
- GEMA-Gebühren (für musikalische Darbietung)

- Anschluss- und Betriebskosten für Telefon, Fax, Datenleitungen etc.
- Wechselsprechanlage, Personenrufanlage
- DVD, AV, Projektoren, Beamer
- Honorare für Messebauunternehmen
- Honorare für Architekten, Trainer, Berater, Grafiker, Dekorateur, Dolmetscher, Bewachungspersonal, Reinigungspersonal
- Gestaltungskosten (Grafik, Fotos, Großfotos, Design, Layout, Satz, Schilder, Übersetzungen, Bepflanzung etc.)
- Honorare für Montagepersonal
- Honorare für weiteres externes Personal (Hostessen, Modelle, Beobachter, Besucherbefrager, Fotograf)
- Honorare für Fremdarbeiter (falls kein professionelles Messeunternehmen eingeschaltet wird): Tischler, Elektriker, Schlosser, Maler, Teppichleger, Tapezierer, Stahlbauer, Glaser, Kunststoffverarbeiter, Dachdecker, Gerüstbauer, Statiker, Fundamentgießer etc.)
- Honorare für Wartung während der Messe
- Transportkosten (Transportgutmittel, Auf- und Abbau, Lagermiete, Hebezeug, Verpackung)
- Kosten für Aktionen während der Messe (Seminare, Podiumsdiskussionen, Abendveranstaltungen, Empfänge, Kundeneinladungen, Pressekonferenzen, Theater- und Konzertkarten u. Ä.)
- Kosten für Erstellung von (mehrsprachigen) Verkaufsunterlagen, Preislisten, Pressemappen
- Einrichtungsgegenstände, Standzubehör
- Büromaterial
- Reisekosten, Parkgebühren, Übernachtungskosten
- Verpflegung, Bewirtungskosten
- Messekleider, Namensschilder
- Tagegelder, Spesen, Barauslagen am Stand
- Überstundenzuschläge
- Trinkgelder

- Versicherungen (Haftpflicht, Brandschaden, Wasserschaden, Einbruch, Diebstahl, Unfall, Transport)
- Zollgebühren
- Kosten für Abfallentsorgung

Checkliste: Pressekonferenz

- Lohnt der Anlass wirklich?
- Einladungstext verfassen
- optimale Tageszeit wählen (meist 10 oder 11 Uhr)
- Sind Terminüberschneidungen mit anderen Presseveranstaltungen ausgeschlossen (Abstimmung mit der Presseabteilung der Messegesellschaft)?
- Einladungen rechtzeitig verschicken
- Konferenzsaal: Bestuhlung, Akustik, Größe, Klimaanlage, Beleuchtung, Konferenztechnik)
- Dekoration: Blumen, Plakate, Namensschilder, Schreibunterlagen
- Sind reservierte Parkplätze für Journalisten notwendig bzw. vorhanden?
- Pressemappen überprüfen, eventuell kleine Präsente besorgen
- Imbiss oder Getränke organisieren, wenn gewünscht
- Aufgabenverteilung: Wer sagt was?
- Vorbereitung auf „kritische" Fragen

Checkliste: Logistik

Folgende Überlegungen können Ihnen helfen, die Logistik reibungslos in den Griff zu kriegen:

- Versand- und Zollbestimmungen sowie Versicherungen und Sicherheitsvorschriften auf der Messe rechtzeitig erkunden (ggf. abschließen)
- Versandtermine festlegen
- Lieferscheine und Frachtbriefe besorgen und ausfüllen

- Transportwege abklären (manche Messegesellschaften verfügen über einen eigenen Gleisanschluss)
- Angebote von Speditionen einholen (Messespedition, eigene Spedition), Auftrag erteilen oder Transport in Eigenregie organisieren
- Verpackung klären (Zuständigkeit, Material, Termine)
- Transportmittel der Messespedition (Stapler, Kran)
- Lagerung des Leerguts während der Messe klären
- Für Eilfälle in letzter Minute: Anschriften und Bedingungen von Expresszustellern

Checkliste: Vorschriften

Auch bei der Vorbereitung einer Messe gibt es jede Menge Vorschriften zu beachten:
- arbeitsrechtliche Bestimmungen
- baurechtliche Bestimmungen
- feuerpolizeiliche Vorschriften
- gewerberechtliche Bestimmungen
- installationstechnische Vorschriften
- Standbau, Standaufbau-, Standabbauvorschriften der Messegesellschaft
- urheberrechtliche Bestimmungen
- Wettbewerbsrechtliche Bestimmungen
- zollrechtliche Vorschriften

Checkliste: Vorbereitung des Standteams

Damit Ihr Standteam sich auf der Messe so wenig wie möglich um die Organisation kümmern muss, sollten Ablauf und Rahmen vorher klar geregelt werden. Hier sind die wichtigsten Aspekte:
- Vorstellung der Standleitung
- Bekanntmachung der Mitarbeiter
- Namensschilder
- Messekleidung

- klare, abgegrenzte Verantwortlichkeiten schaffen
- Standdienstregelungen und Anwesenheitsliste
- Festlegung der Pausenzeiten
- Einteilung der Informations- und/oder Telefonzentrale
- Einteilung des Küchen- und Bewirtungsdienstes
- Führung von Lagerlisten (Wer verwaltet was?)
- Kabinenplan
- Kundendienst
- gemeinsames Studium des Geländeplans und Hinweise auf Infrastruktur
- Übergabe der Eintrittsausweise, Park- und sonstige Erlaubnisscheine
- Festlegung der Unterkünfte
- Einteilung der Fahrgelegenheiten (vor, während und nach der Messe)
- Appell an die Stress-Belastbarkeit
- Festlegung der Reihenfolge des Abbaus und Bestimmung der verantwortlichen Mitarbeiter

Schritt: Das Vorspiel – So kommen Sie in den Besuchsplan Ihres Kunden

Sie sind nicht der Einzige, der seinen Messeauftritt genauestens im Voraus plant. Ihre potenziellen Standbesucher und Kunden tun es auch. Niemand kann es sich heute noch leisten, Zeit zu verschwenden und einen Tag lang planlos über die Messe zu bummeln. Unternehmen sparen an allen Ecken und Enden und erwarten von ihren Mitarbeitern, dass sie ihre Zeit auf der Messe effektiv nutzen. Nicht nur im Verkauf, sondern auch, wenn sie im Einkauf unterwegs sind.

Egal, ob der Messebesucher ein Geschäftsführer ist, der eine neue Lösung für ein Problem sucht, ein Einkäufer, der Ausschau nach einem neuen Lieferanten hält, oder ein Techniker, der nach einer neuen Maschine sucht – alle drei Besucher überlassen es nicht dem Zufall, welchen Messestand sie besuchen. Der professionelle Messebesucher plant seine Termine akribisch voraus. Wenn Sie ihn an Ihrem Stand empfangen wollen, müssen Sie bereits vor Messebeginn einen Platz in seinem Terminkalender erobert haben.

Wie planen professionelle Messebesucher?

Im Vorfeld studiert der Messeprofi die Fachpresse oder fragt bei Kollegen nach, welcher Anbieter hinsichtlich der von ihm gewünschten Lösung wohl am vielversprechendsten ist. Diese Planung erstreckt sich über Wochen und findet eher informell und unsystematisch statt.

D. Kreuter, *Erfolgreich akquirieren auf Messen,*
DOI 10.1007/978-3-658-02988-3_4, © Springer Fachmedien Wiesbaden 2014

Etwa acht bis vierzehn Tage vor der Messe wird es dann konkret. Die meisten Entscheider und Führungskräfte beginnen zu diesem Zeitpunkt, Termine für ihren Messebesuch festzulegen. Für Sie bedeutet das: In diesem Zeitraum müssen Sie mit Ihren künftigen Besuchern in Kontakt kommen. Schicken Sie Ihre Unterlagen zu früh, kann es sein, dass sie schon längst wieder vom Schreibtisch Ihres potenziellen Kunden verschwunden sind, wenn der ans Termine machen geht. Warten Sie zu lange, so sind Sie zu spät dran. Der Terminplaner Ihres potenziellen Kunden ist aller Erfahrung nach bereits voll.

Das Timing entscheidet also darüber, ob Sie einen Termin mit einem möglichen neuen Kunden vereinbaren können. Sie brauchen eine Strategie, die Sie punktgenau in den Besuchsplan Ihres Kunden befördert. Je nach Produkt, Branche und Zielgruppe unterscheiden sich die geeigneten Strategien dafür.

Investitionsgüterbranche

Hier ist Ihr Ziel, wenige, aber große Kunden zu erreichen. Im erwähnten Beispiel der Lufthansa-Tochter LEOS war beispielsweise das Ziel, 50 neue Kunden zu erreichen. Meistens kennen Sie diese Kunden bereits, oder Sie können den richtigen Ansprechpartner leicht identifizieren. Hier ist es möglich, direkt und persönlich mit jedem Einzelnen Kontakt aufzunehmen und einen Termin zu vereinbaren.

In einem Messeprojekt hatte ein führendes Unternehmen der Maschinenbauindustrie vor der Messe exakt 40 Zielkunden definiert, das heißt 40 klar benannte, potenzielle Neukunden. Diese potenziellen Neukunden kamen aus den Niederlanden, Österreich, der Schweiz und Deutschland. Nun ging es darum herauszufinden, wer die Entscheider waren. Im Vorfeld gab es eine Telefonaktion, in der genau abgefragt wurde, wer auf die Messe kommen würde und wer für den Einkauf verantwortlich sei. Dabei stellte sich heraus, dass

die Entscheidung für den Einkauf in der Regel von drei Personen-
gruppen getroffen wurde: 1. dem Geschäftsführer, 2. dem Einkauf,
3. den Technikern. Nun wurde so vorgegangen, dass jeder dieser
drei Entscheider in diesen 40 Unternehmen zur Messe eingeladen
wurde. Eine Werbeagentur gestaltete ein auffälliges Mailing mit entsprechendem Verstärker. Dieses Mailing wurde jeweils an alle drei
Ansprechpartner verschickt. Im PS. – wenn Sie sich mit dem Thema
beschäftigen, wissen Sie, dass das PS. so ziemlich das Erste nach der
Betreffzeile ist, was in einem Brief gelesen wird – wurde darauf hin-
gewiesen, dass auch die beiden anderen Kollegen diese Messeeinladung erhalten hatten. Der besondere Effekt war, dass dieses Mailing
aufmerksamer wahrgenommen und nicht so schnell weggeworfen
wurde, weil ja die Möglichkeit bestehen konnte, dass der Einkäufer,
der Techniker oder der Geschäftsführer den Kollegen, am Kaffee-
automaten oder wo auch immer, auf diese Messeeinladung ansprechen könnte. Der Effekt war hervorragend. Beim Nachtelefonieren
wurden sehr erfolgreich Termine für die Messe mit den Zielkunden
vereinbart.

Konsumgüterbranche

Das funktioniert in der Konsumgüterbranche meist nicht. Denn hier
wollen Sie tausend oder mehr neue Kunden erreichen, die Sie selbstverständlich vorher nicht kennen. Deshalb empfiehlt sich hier ein
Mailing zum richtigen Zeitpunkt.

Dieser liegt nicht nur im Zeitraum der oben erwähnten acht bis
vierzehn Tage vor der Messe, auch der richtige Wochentag spielt
eine Rolle. Achten Sie darauf, dass Ihre Unterlagen niemals an einem
Montag oder Freitag auf dem Schreibtisch Ihres potenziellen Kunden
landen. Die besten Tage sind Dienstag, Mittwoch oder Donnerstag.

> ►   Wichtig für ein Mailing: Richten Sie Ihr Anschreiben nie an
>   „Sehr geehrte Damen und Herren"! Ermitteln Sie immer
>   einen konkreten Ansprechpartner, an den Sie Ihre Anrede
>   richten!

Stellen Sie in Ihrem Anschreiben klar den Nutzen Ihres Produkts oder Ihrer Dienstleistung heraus. Sagen Sie Ihrem Kunden, warum es sich für ihn lohnt, gerade Sie und Ihren Stand zu besuchen.

Huckepack-Marketing

Da ich als Trainer viel in Europa unterwegs bin, nutze ich auch das Vielfliegerprogramm der Lufthansa „Miles & More". Das Meilensammeln ist für mich zu einer richtigen Leidenschaft geworden. Im Gegenzug schickt „Miles & More" mir alle zwei Wochen Werbung zu. Ich öffne die Briefe von „Miles & More" stets interessiert, weil ich den Absender kenne, weil ich Vorteile durch dieses Vielfliegerprogramm habe und weil ich neugierig bin, was man mir dieses Mal anbietet. Die letzten Mailings waren beispielsweise zu einem Telefontarif von Vodafone, extra für Menschen, die viel im Ausland telefonieren, zu Sonderkonditionen und natürlich mit 15,000 Bonusmeilen als Prämie. Oder aber vom Modeunternehmen Peek & Cloppenburg mit dem Angebot, dass ich meine Meilen dort gegen Textilien eintauschen könne oder für die gekauften Textilien entsprechend Prämienmeilen bekäme.

Würde ich die Werbung von Vodafone oder Peek & Cloppenburg wirklich öffnen, wenn ich diese in meinem Briefkasten hätte? Nein, ich würde sie ungeöffnet in den Mülleimer werfen. Nun haben Vodafone oder Peek & Cloppenburg die Lufthansa bzw. Miles & More als Huckepack-Partner genutzt. Miles & More hat das Vertrauen seiner Kunden und bietet somit den Kunden Zusatzleistungen an.

> ▶ Wollen Sie also eine bestimmte Zielgruppe auf Ihrem Messestand erreichen, so macht es durchaus Sinn, über einen Huckepack-Partner oder sogar mehrere Huckepack-Kooperationen nachzudenken. Wer ist im Besitz der Zielgruppe, die Sie akquirieren wollen? Wer könnte diese

Zielgruppe in seinem Namen auf Ihren Messestand einladen? Ein solches Vorgehen kann viel Geld sparen und
dabei eine enorm hohe Wirkung erzielen.

Ein weiteres Beispiel zu dieser Methode: Mit vier weiteren Trainern
führte ich vor einiger Zeit eine Vortragsgroßveranstaltung durch.
    Natürlich hätten wir unsere Veranstaltungsflyer auch selbst ver-
schicken können, nur war weder die Zielgruppe nicht ganz klar
umrissen, noch hatten wir alle Adressen, noch bestand das entsprechende Vertrauen zu uns als Absender. Der Marketingclub Köln-
Bonn war im Besitz genau unserer Zielgruppe. Das heißt, Entscheider im Marketing und Vertrieb. Damals war dieser Marketingclub
der einzige in Deutschland, der seine Mitglieder noch regelmäßig
über den Postweg zu den monatlichen Veranstaltungen einlud. Wir
führten also eine Huckepack-Kooperation mit dem Marketingclub
Köln-Bonn durch, der seine 1.500 Mitglieder schriftlich über diese
Vortragsveranstaltung informierte, sie darauf hinwies, dass es sich
lohne, dort teilzunehmen, und in seinem Brief entsprechend unseren Veranstaltungsflyer beilegte. Im Gegenzug übernahmen wir das
Porto und den Versand. Die Responsequote bei dieser Art Mailing
war überdurchschnittlich hoch!

Mailing mit Responsemöglichkeit

Ein Mailing sollte immer die Möglichkeit einer leichten Rückantwort
(Response) beinhalten. Am besten eignet sich dafür eine Faxvorla-
ge, auf der der Adressat durch Ankreuzen oder durch Angabe einer
Uhrzeit leicht einen Termin vereinbaren kann und nur noch seine
Unterschrift oder seinen Stempel hinzufügen muss. Im Idealfall
nutzen Sie die Rückseite des Anschreibens oder ein separates so ge-
nanntes „Fax-back-Formular", bei dem Ihre Kunden-Kontakt-Soft-
ware gleich schon die personifizierte Absenderadresse mit eindruckt
(vgl. Abb. 1).

☐ **Ja**, ich komme zur xy-Messe im Zeitraum vom 5. bis 9. Mai 20xx. Ich werde von ___ Personen begleitet. Bitte reservieren Sie einen Gesprächstermin wie folgt auf Ihrem Messestand A17 in der Halle 3:

Datum: _____   Uhrzeit: _____

(Falls nicht anders gewünscht, planen wir für unser Gespräch ungefähr 30 Minuten ein)

☐ **Nein**, ein Besuch auf der xy-Messe lässt sich leider nicht einrichten. Bitte rufen Sie mich an, damit wir einen persönlichen Gesprächstermin in unserem Haus vereinbaren können.

Telefon-Durchwahl: _____

☐ **Nein**, ein Besuch auf der xy-Messe lässt sich leider nicht einrichten. Bitte senden Sie mir ausführliches Informationsmaterial zu ihren Produkten:

　☐ Muster 123
　☐ Muster 456
　☐ Muster 789

Abb. 1 Beispiel für ein „Fax-back-Formular"

Der Adressat muss mit dem Ausfüllen der Rückantwort so wenig Zeit und Aufwand haben wie nur irgend möglich.

Bitte bedenken Sie: Ein hoher Rücklauf Ihres „Fax-back-Formulars" ist schon ein erster Erfolg. Aber natürlich gibt es dennoch eine ganze Reihe von Besuchern, die ohne eine Faxantwort an Ihrem Stand erscheinen. Zum Glück für Sie! Natürlich können Sie auch eine Response-Möglichkeit über eine personalisierte Website einbauen. Hierzu laden Sie Ihre Zielgruppe per Brief oder per E-Mail ein und kommunizieren einen individuellen Link auf eine Website/ Landing Page, die speziell für Ihre Messebeteiligung programmiert und designt wurde. Hier können potenzielle Besucher dann anklicken, an welchem Tag sie zu welcher Uhrzeit mit wie vielen Personen erscheinen werden. Gleichzeitig können Sie Ihren Besuchern auch Kommunikationselemente anbieten wie z. B. weiterführende Fragen. Beispielsweise hat ein Unternehmen bei der Einladung zur GaLaBau die Kunden bei der Terminvereinbarung gefragt, inwieweit sie ein aktuelles Objekt haben. Dadurch hatten sie deutlich qualifiziertere Informationen als nur den Termin.

Nachhaken per Telefon

Sie dürfen sich auch nicht darauf verlassen, dass die Kunden brav ihre Termine ankreuzen. Das garantiert noch nicht, dass Ihre wichtigsten Kunden sich bei Ihnen melden.

Deshalb ist es auch in der Konsumgüterbranche unumgänglich, dass Sie Ihre anvisierten Neukunden, also die Kunden, die Sie auf jeden Fall gewinnen wollen, persönlich ansprechen. Das kann der Außendienst übernehmen, der diese Neukunden möglicherweise bereits vor der Messe persönlich oder telefonisch kontaktiert hat. Auch der Innendienst, der konsequent alle Zielkunden anruft und persönlich zur Messe einlädt, kann das übernehmen.

Eine Alternative neben Außendienst und Innendienst ist natürlich auch der Einsatz eines professionellen Call-Centers. Wenn die Call-Center-Agents gut geschult sind und klare Gesprächsleitfäden haben, so ist auch hier die Erfolgswahrscheinlichkeit sehr hoch.

Allerdings geht der Trend, so meine Beobachtung, weg vom Call-Center für das einmalige Messeprojekt, hin dazu, die eigenen Mitarbeiter zu qualifizieren, sie so weit vom Tagesgeschäft zu befreien, dass sie für das Projekt Messe einige Wochen im Vorfeld die Möglichkeit haben, Kunden anzurufen, einzuladen oder mit ihnen einen Termin vor bzw. nach der Messe für den Außendienst zu vereinbaren. Gleichzeitig übernehmen viele die Adressqualifikation des Kunden während dieses Gespräches. Oder sie bieten aktuelle Aktionen oder Kataloge an.

Wenn Sie geschickt planen und so einige Tage oder Wochen Zeit haben, um Ihre Ziel- und Stammkunden zur Messe einzuladen, dann denken Sie darüber nach, dies mit eigenen Mitarbeitern zu tun. So bleibt das Know-how im Unternehmen. Wenn die Zielgruppe sehr groß ist und Sie weder das personelle noch das zeitliche Budget dafür haben, dann macht es durchaus Sinn, dies an ein professionelles Call-Center weiterzugeben.

Freikarten als Lockmittel?

Die freie Eintrittskarte zur Messe wird als „Lockmittel" in der Regel überschätzt. Das ist für den Messebesuch nicht ausschlaggebend. Außerdem investieren Sie in Freikarten, ohne zu wissen, ob sich diese Investition lohnt.

Wenn Sie dennoch Freikarten an Kunden verschicken und gleichzeitig Ihr Budget schonen wollen, dann lassen Sie sich vom Messeveranstalter Gutscheine ausstellen, die Ihre Zielkunden dann an der Kasse in Eintrittskarten umtauschen können. Das hat noch einen zusätzlichen Vorteil: Der Einlöser des Gutscheins muss an der Kasse seinen Namen und seine Adressdaten ausfüllen. Sie wissen also später, wer Ihren Gutschein tatsächlich in Anspruch genommen hat. Bei einer Freikarte können Sie das nicht kontrollieren.

Fazit

Die meisten Unternehmen denken Stunden und Tage darüber nach, wie der Stand gestaltet werden sollte, wo man zu Abend isst oder welche Give-aways es auf dem Messestand geben soll. Darüber, Termine im Vorfeld der Messe fix zu vereinbaren, denken die wenigsten nach. Dies wird meist halbherzig gemacht oder man meint, dass der Außendienst schon selber wüsste, dass er so etwas zu tun hat.

Was Sie vor der Messe nicht an Terminen vereinbart haben, holen Sie unmöglich auf der eigentlichen Messeveranstaltung wieder heraus. Unternehmen, die bei mir im Messetraining danach fragen, wie sie Besucher, die ziellos an ihrem Stand vorbeilaufen, ansprechen, um dann mit ihnen ein Gespräch über ihre Dienstleistung oder ihr Produkt zu führen, haben die Vorbereitung für die Messe komplett verpasst. Sie nutzen das eigentliche Potenzial einer Messe gerade einmal zu zehn Prozent. Sie werden im Beispiel des Zeitplansystemherstellers noch deutlich sehen, warum dies so entscheidend ist. Also: Wer ohne fixe Termine mit potenziellen Neukunden auf die Messe geht, kann nicht wirklich erfolgreich sein.

Expertentalk mit Kai Engelmann: So funktioniert Ihre Messeeinladung garantiert!

Dirk Kreuter: Zu den wichtigsten Aufgaben im Rahmen der Messevorbereitung gehört das Versenden der Messeeinladungen. Lass uns bitte einmal erörtern, wie diese garantiert erfolgreich werden! Wenn ich eine sehr große Kontaktliste von 200 bis 500 Personen oder mehr habe, die ich erreichen will, ist ein Mailing ja besonders gut geeignet. Sind es weniger Personen, braucht man meiner Meinung nach kein Mailing. Da kann man besser anrufen und direkt einen Termin für die Messe vereinbaren. Wie siehst Du das?

Kai Engelmann Ich finde 200 Kontakte schon ziemlich viel, um telefonisch Termine für die Messe zu vereinbaren. Es kommt hierbei natürlich darauf an, welche Kapazitäten ein Unternehmen für eine Telefonaktion hat.

Ich war gestern bei einem Kunden, der ca. 50 Außendienstmitarbeiter hat. Wenn die jetzt 200 Kunden einladen möchten, heißt das rein rechnerisch, dass jeder Außendienstmitarbeiter jeweils vier Kunden persönlich einladen müsste. Dann ist es durchaus sinnvoll, wenn die Vertriebler dort direkt anrufen.

Unternehmen mit einer kleinen Außendienstmannschaft von drei bis fünf Leuten, von denen es im Mittelstand sehr viele gibt, haben ohne ein Mailing keine Chance, 200 bis 300 Leute zu erreichen. Telefonisch kommen sie hier nicht weiter. In dieser Situation sind dann

D. Kreuter, *Erfolgreich akquirieren auf Messen,*
DOI 10.1007/978-3-658-02988-3_5, © Springer Fachmedien Wiesbaden 2014

ausgefallene Ideen für eine schriftliche Messeeinladung gefragt, damit ich wirklich auffalle und den Entscheider auch erreiche.

Die Adressen inklusive Ansprechpartner kann ich normalerweise recherchieren, da bieten sich ja vielseitige Möglichkeiten: Adressen einkaufen, auf XING recherchieren etc. Mittlerweile bekommt man relativ leicht Adressen und Namen heraus.

Dirk Kreuter: Das Mailing rund um die Messe ist ein Stück weit auch ein Bestandskunden-Bindungsinstrument, weil ich meinen Bestandskunden dadurch auch signalisieren kann: „Du bist mir wichtig und es wäre schön, wenn Du kommst. Wenn Du es nicht schaffst, ist das sehr schade, aber wir haben Dich auf jeden Fall eingeladen."

Kai Engelmann Ja genau. Generell signalisierst Du mit einer persönlichen und etwas ausgefallenen Einladung Deine Wertschätzung. Was signalisiert hingegen eine ideenlose 0-8-15-Einladung? Diese kann ja nur ins Nichts laufen.

Aus diesem Grund muss eine Messeeinladung gut überlegt und etwas Besonderes sein. Je fürsorglicher, umsichtiger und professioneller die Einladung ist, desto mehr hat der Adressat den Eindruck, dass er als Person wichtig ist. Er muss denken: „Die wollen nicht irgendjemanden, sondern mich!" Wenn das mit einem Mailing erreicht wird, hat man schon sehr viel gewonnen.

Dirk Kreuter: Das stimmt. Was meinst Du, wann denn der richtige Zeitpunkt in der Vorbereitung einer Messe ist? Es ist ja entscheidend, wann die Einladung abgeschickt wird, weil gerade potenzielle Kunden in Entscheidungspositionen ihre Termine langfristig planen. Empfohlen wird ein zweistufiges Mailing, das rechtzeitig sechs bis acht Wochen vor der Messe eingeleitet wird. Kurz vor Messebeginn wird noch ein Reminder – im besten Fall mit einer Terminbestätigung – verschickt.

Kai Engelmann Richtig, das ist auch meine Empfehlung. Idealerweise geht es in dem ersten Mailing um eine konkrete Terminvereinbarung. Sollte auf dieses Mailing keine Response erfolgen, wird selbstverständlich nachgehakt. Auch das zeugt von enormer Wertschätzung. Sicher macht es hier Sinn, mit Prioritäten zu arbeiten und die Kunden in A-, B- und C-Wichtigkeit zu unterteilen. Bei den Topkunden, die man auf jeden Fall haben möchte – sei es Bestands- oder Neukunde – heißt es dran bleiben, gegebenenfalls auch eine Zwischenstufe einlegen und noch einmal einen Reminder schicken. In der Regel ist hier der Anruf der effektivste Weg.

Dirk Kreuter: Aus meiner Sicht kommt es ein Stück weit auch auf die Zielgruppe an. Ein Top-Entscheider aus der Industrie wird seine Messebesuche langfristig planen. Ein Handwerker hingegen, der eine Regionalmesse besucht, entscheidet relativ spontan. Da wird dann natürlich sechs bis acht Wochen vor der Messe noch nicht entschieden und die Einladung ist zur richtigen Zeit, wenn der Handwerker die Messe plant, bereits vergessen.

Ich habe mal eine Studie gelesen, die besagt, dass das Mailing in der vorletzten Woche vor der Messe an dem Dienstag, Mittwoch oder Donnerstag beim Kunden eintreffen muss. Bei einem einstufigen Mailing plane ich also durchaus kurzfristiger. Bei zweistufigen Mailings sehe ich das genauso wie Du.

Kai Engelmann Wir haben gerade eher in Richtung Business-to-Business gedacht. Wenn es wirklich darum geht, Kontakte in Entscheiderpositionen mit durchgeplanten Terminkalendern zu erreichen, stimmt die lange Vorlaufzeit. Wenn ich die Handwerksbetriebe einlade, ist das aber definitiv zu lang.

An dieser Stelle möchte ich noch einmal auf das Thema ausgefallene Ideen für ein Mailing zurückkommen. Der Anspruch sollte sein, von Standardmailings wegzukommen und schon beim Format etwas anders als die Mitbewerber zu machen und so maximale Aufmerksam zu erzeugen.

Damit meine ich nicht Aufmerksamkeit um jeden Preis zu erzeugen, sondern idealerweise zu dem Thema, das ich transportieren möchte, zu meiner Dienstleistung und meinem Produkt passend.

Zum Beispiel gibt es das Mailing mit dem 1-Cent-Stück. Das ist eine witzige Geschichte, aber ich habe das mittlerweile schon 15 bis 20 Mal von verschiedenen Absendern erhalten. Meist gibt es keinen Zusammenhang zu dem Unternehmen oder dem Produkt. Das

1-Cent-Stück wird vom Adressaten eingesteckt, weil Geld nun mal nicht weggeworfen wird, und der Brief landet dennoch im Müll. Damit kommt man auch nicht weiter.

Dirk Kreuter: In Deiner Branche schlagen solche Mailings natürlich häufig auf. Wenn solche Mailings nun aber an den Handwerker oder Endkunden gehen, kann das aus meiner Sicht durchaus noch spannend sein.

Ich habe mal eine sehr schöne Einladung erhalten: Da lag ein Tütchen Cappuccino-Pulver in einem Umschlag mit einem Anschreiben im Sinne von: „Kommen Sie zu uns auf die Messe und wir trinken zusammen einen Cappuccino bei einem Gespräch über Ihren aktuellen Bedarf. Damit Sie schon einmal auf den Geschmack kommen, habe ich schon mal ein Tütchen mit reingelegt". Das fand ich sehr sympathisch.

Kai Engelmann Eine sehr schöne Idee! Wir haben in einem Kundenprojekt vor einiger Zeit einmal einen Teebeutel mit dem Aufruf „Nehmen Sie sich einen Tee lang Zeit für ein Gespräch!" verschickt.

Dirk Kreuter: Solche Ideen lassen sich leider nicht einfach aus dem Ärmel schütteln. Wenn man selber keine hat, sollte man möglicherweise einen Profi fragen. Welcher Insider-Tipp fällt Dir hier spontan noch ein?

Kai Engelmann Sehr gerne gebe ich Dir noch eine Mailing-Idee als Beispiel: Es ging um Wisch- und Reinigungstücher. Mit der Messeeinladung haben wir für unseren Kunden eine Barbiepuppe, die einen maßgeschneiderten Kittel trug, an Top-Entscheider verschickt. Der Kittel war aus dem gleichen Material, das der Kunde für die Reinigungstücher entwickelt hatte. Das ist natürlich etwas, was brutal auffällt. Viele der Entscheider haben Kinder, die Barbie war demnach ein wertvolles kleines Geschenk. Bei so etwas traut sich auch die Abfangjägerin, die Sekretärin, nicht, das Päckchen einfach wegzuwerfen. Das landet also auf jeden Fall auf dem Schreibtisch des Entscheiders und ist so außergewöhnlich, weil das neue Material auf eine intelligente und überraschende Weise dargestellt wird. Das

Wichtigste ist, einfach immer den Bezug zum Unternehmen und zum Thema herzustellen und gleichzeitig mit einer coolen Idee zu punkten.

Dirk Kreuter: Da hätte meine Tochter sich sicher auch gefreut! Welche Tipps hast Du noch, die beim Empfänger Neugierde wecken?

Kai Engelmann Entscheidend ist, sich zuerst Gedanken zu machen, wer die Zielgruppe ist: Was interessiert den Kunden tatsächlich? Was sind denn wirklich Highlights für ihn? Das kann ich auch optisch hervorheben, indem ich Signalwörter herausstelle. Viele schreiben einfach nur den Text runter und der Leser findet den Wald vor lauter Bäumen nicht.

Wenn die Zielgruppe klar ist, geht es schon bei der Tonalität los: Einen Dachdecker spricht man ja auf eine ganz andere Art an als einen Geschäftsführer oder Vertriebsleiter. Da ziehen ganz andere Argumente, weil beide völlig andere Dinge interessieren. In vielen Fällen wird hier nicht mal differenziert – es gibt eine einzige Einladung, die an jeden geschickt wird. Das passt aber natürlich nicht auf alle.

Besser ist, einen zweiten oder dritten Text zu entwickeln und seine Zielkundendatei in Gruppen zu unterteilen. Wenn man sich diese Mühe macht, wird das die Response-Quoten signifikant nach oben treiben!

Dirk Kreuter: Dazu nenn ich jetzt mal ein Beispiel: Einer meiner Kunden hat drei Zielgruppen: Handel, Architekten und Planer und den eigentlichen Fachhandwerker. Das heißt, sie machen auch drei verschiedene Mailings und komplett neue Texte, weil sie auch drei verschiedene Kaufmotive ansprechen wollen?

Kai Engelmann Genau, den Zielgruppen sind ja ganz andere Punkte wichtig. Ich könnte natürlich ganz profan reinschreiben, dass wir ihnen gerne unsere Neuigkeiten vorstellen möchten, aber das schreiben 90 % der Anbieter. Manche vergessen sogar zu schreiben, in welcher Halle sie sich während der Messe befinden.

Dirk Kreuter: Das habe ich auch schon häufig erlebt. Meine Emp-fehlung ist, hier mit den W-Fragen zu arbeiten: Welche Halle, welcher Stand, wann ist die Messe überhaupt. Darüber hinaus sollten bequeme Response- und Dialogmöglichkeiten vorhanden sein. Dadurch schafft man Verbindlichkeit. Meiner Meinung nach ist das eines der wichtigs-ten Instrumente in einer Messeinladung.

In diesem Zusammenhang sehe ich auch immer mehr das Thema „Internet". Die Menschen gehen auf die entsprechende Website und können dort im ersten Schritt ganz einfach angeben, ob sie kommen oder nicht. Im zweiten Schritt lässt man sich dann noch einige Zusatz-fragen beantworten. Das klang dann in etwa so: „Sie als Planer haben ein aktuelles Projekt, bei dem unsere Produkte Sinn machen?"

So kann ich den Kunden noch weiter qualifizieren und prüfen, ob er konkreten Bedarf hat, und vermittle ihm das Gefühl, dass ich mich wirklich für ihn interessiere.

Kai Engelmann Ja, das passt zum Thema Dialog 2.0. Dabei werden Leute mit einer persönlichen URL auf eine Internetseite geleitet, auf der sie mit ihrem Namen begrüßt werden. Diese Seiten dienen eben-falls dazu, deren persönliche Interessenslage zu qualifizieren.

Hier übernimmt der Kunde sogar die Eingabe für Dich, weil das Ganze mit einer Datenbank hinterlegt ist. So generiert man die Kon-taktdaten, die Interessen und die für den potenziellen Kunden rele-vanten Themen in einem Aufwasch und der Termin kann optimal vorbereitet werden.

Bei einer postalischen Einladung ist es am Ende aber wichtig, so viele Antwortmöglichkeiten parat zu halten wie möglich, weil die Menschen unterschiedliche Präferenzen haben. Man sollte nicht ver-suchen, die Empfänger auf ein oder zwei Response-Kanäle zu redu-zieren, sondern ihnen idealerweise alle Möglichkeiten offen halten: Ob sie sich per E-Mail, Fax oder über eine Hotline anmelden, ist irrelevant. Hauptsache ist, dass es für den Empfänger so einfach und komfortabel wie möglich ist.

Dirk Kreuter: Okay. Wenn wir uns jetzt die Kosten eines Mailings anschauen – allein schon das Porto … Ein Profi könnte meine Porto-kosten optimieren und würde dafür sorgen, dass das Geld, das ich ausgebe, nachher etwas bringt. Ich kenne ein Beispiel, indem das gleiche Budget zweimal verwendet wurde.

In einem Jahr wurden 36.000 Einladungen verschickt. Daraufhin gab es 183 Response-Reaktionen. Im zweiten Jahr wurden für das gleiche Geld nur 2.000 Einladungen verschickt. Das war dann zwar edler, hat aber gar nichts gebracht. Die Response ging gegen Null. Achtung: Es geht nicht nur darum, dass mein Mailing dem beauftragten Marketingunternehmen gefällt, sondern dass ich einen Profi an der Seite habe, der nach dem Grundsatz „Der Wurm muss dem Fisch schmecken und nicht dem Angler" handelt.

Kai Engelmann Absolut, das ist natürlich richtig. Das Thema Budget ist aber etwas, das generell zu betrachten ist. Die Gesamtinvestition in eine Messe zum Beispieler – Kunden sollten da mal ganz ehrlich hergehen und ernsthaft überlegen, was sie diese tatsächlich kostet: Da gibt es die ganzen internen Vorbereitungskosten, die Ressourcen, die für diese Messe blockiert werden, dann natürlich die reinen Standkosten, wiederum die Personalkosten von den Mitarbeitern auf der Messe, das ganze Material, was da verteilt wird … Das alles addiert – da kommt schon was zusammen.

Aber dann sind viele wiederum zu geizig, um ein wirklich zielgerichtetes und zielgruppenspezifisches Mailing zu versenden, damit die potenziellen Kunden überhaupt zur Messe bzw. auf den Stand kommen. Ich gebe ohne Ende Geld für einen Ort aus, an dem Menschen zu mir kommen sollen, aber spare an dem Kanal, der darauf aufmerksam macht.

Das ist natürlich absolut falsch herum gedacht, aber leider oft die Praxis. Am Einladungsprozedere wird gespart, obwohl das dann am Ende der Schlüssel zum Erfolg ist. Es wird dem Zufall überlassen und man generiert dann mehr oder weniger Zufallskontakte auf der Messe.

Dirk Kreuter: Dazu fällt mir ein passendes Schlusswort ein: Ich sage oft: „Nutzt die Messe doch als Vorwand". Ob die Kunden dann kommen oder nicht – in jedem Fall ist es ein toller Aufhänger, um mit einem potenziellen Neukunden oder auch einem Schlummerkunden ins Gespräch zu kommen. Also kann ich doch die Messe auch als Vorwand nutzen, um ein Mailing gezielt einzusetzen?

Kai Engelmann Absolut! Selbst wenn die potenziellen Kunden eben nicht zur Messe kommen, bin ich schon einmal mit denen in Kontakt und muss dann in der Folge versuchen dranzukommen. Da heißt es jetzt dranbleiben und Wertschätzung signalisieren!

Schritt: Messekommunikation – „Touch and Go"

Die Messetore öffnen sich. Sie haben eine volle Terminliste und alle Chancen, neue Kunden zu akquirieren. Wenn es Ihnen gelingt, sie richtig anzusprechen.

Die Kommunikation mit Neukunden auf der Messe unterscheidet sich wesentlich von der Kommunikation mit Neukunden beim Besuch in Ihrem oder deren Unternehmen.

▶ Messe ist die höchstmögliche Konzentration von Angebot und Nachfrage auf engstem Raum in kürzester Zeit. Danach muss sich Ihre Gesprächsführung richten.

Nirgendwo sonst können Sie so viele effektive direkte Kundengespräche und Kundenkontakte führen wie auf einer Messe. Am Telefon mag das möglich sein, aber nicht „face to face"! Die Konzentration, Kürze und Dichte der Gespräche wäre in jedem anderen Kontext unhöflich. Auf der Messe sind sie ideal. Aber das will gekonnt sein. Die Gesprächsqualität ist deshalb für ein Kundengespräch auf der Messe entscheidend. Je effektiver Ihr Standpersonal kommuniziert, desto mehr lohnen sich Aufwand und Kosten.

Die typische Messekommunikation lässt sich mit der Formel „Touch and Go" beschreiben.

„Touch" bedeutet: Sie kommen mit einem interessierten Besucher in Kontakt. Ihr Ziel ist, schnell herauszufinden, was Sie von ihm zu

D. Kreuter, *Erfolgreich akquirieren auf Messen,*
DOI 10.1007/978-3-658-02988-3_6, © Springer Fachmedien Wiesbaden 2014

erwarten haben. Also: Sie wollen erfahren, von welchem Unternehmen er ist, welchen Bedarf er hat und, ganz wichtig, über welche Entscheidungskompetenz er verfügt.

„Go" heißt dann: Ist der Besucher für Sie interessant, können Sie ins Detail gehen. Ist er für Sie uninteressant, dann lassen Sie ihn gehen, verabschieden ihn höflich und wünschen ihm einen schönen Tag.

Das mag hart klingen, ist aber auf einer Messe nicht anders zu machen. Wenn Sie viel Zeit haben, können Sie natürlich ein ausführliches Gespräch führen, auch wenn der Besucher kein Geschäft verspricht. Im Zweifel haben Sie aber viele Besucher und wenig Zeit. Sie müssen Ihre Gespräche also so effektiv wie möglich führen. Und dazu gehört auch, „uninteressante" Gespräche abzukürzen. Wichtig ist, dass Sie dabei höflich bleiben und niemanden vor den Kopf stoßen.

Um diese Situation zu veranschaulichen, ein Beispiel: Ihr Stand ist voller Besucher, alle Kollegen sind in Gespräche vertieft. Und nun haben Sie einen Gesprächspartner, der im siebten Semester studiert und Informationen für seine Diplomarbeit sammelt. Nichts gegen Studenten, aber bitte nicht in einer solchen Situation. Erinnern Sie sich an Ihre Messeziele: Wollen Sie Neukunden akquirieren, bzw. Stammkunden pflegen, dann bieten Sie dem Studenten doch einen späteren Zeitpunkt für ein Gespräch an, bzw. senden Sie ihm die entsprechenden Unterlagen nach der Messe zu, aber machen Sie ihm freundlich, höflich, aber bestimmt klar, dass Sie das Gespräch nun nicht vertiefen werden. Dies ist nicht der Grund für Ihre Messebeteiligung.

Vielleicht denken Sie als Leser jetzt: „Aber aus einem Studenten könnte später ein Entscheider werden, und wenn ich es mir jetzt mit ihm verscherze, verliere ich möglicherweise einen potenziellen Kunden." Ich sehe das so: 1. Sie sollen es sich mit ihm nicht verscherzen. Bieten Sie ihm einen anderen Gesprächstermin an, weil Sie einfach Prioritäten setzen müssen. 2. Bei vielen Vertriebsmitarbeitern herrscht immer noch das Prinzip Hoffnung. Wie viele

Studenten, mit denen Sie irgendwann einmal ein Gespräch auf einer Messe geführt haben, sind anschließend Entscheider bei einem A- oder B-Kunden geworden? Das gleiche Prinzip gilt für C-Kunden, Kunden, die weder aktuell Umsatz machen, noch das entsprechende Umsatzpotenzial haben, noch Meinungsmacher sind. Vertriebler meinen häufig, aus einem C-Kunden könne ja auch ein A-Kunde werden. Hand aufs Herz: Wie viele C-Kunden kennen Sie tatsächlich, bei denen das Potenzial im Vorfeld konkret analysiert wurde, die anschließend im Laufe der letzten fünf Jahre zu einem A- oder B-Kunden geworden sind? Setzen Sie deshalb bei Ihren Gesprächen am Messestand Prioritäten.

Nicht jedem Standmitarbeiter ist von vornherein klar, wie er oder sie ein Messegespräch führt und inwiefern dieses anders geführt werden muss als ein „normales" Kundengespräch. Deshalb sind Training und gezielte Vorbereitung im Vorfeld so wichtig. In diesem Kapitel fasse ich die wichtigsten Aspekte eines erfolgreichen Messegesprächs, illustriert durch Beispiele, zusammen.

Ein Messegespräch besteht aus verschiedenen Phasen:

- 1. Phase: Kontaktaufnahme und Begrüßung
- 2. Phase: Bedarfsermittlung – die Frage nach dem Kundenwunsch
- 3. Phase: Präsentation Ihrer Produkte, Ihrer Dienstleistungen als die ideale Lösung für den Kunden
- 4. Phase: Kaufsignale und Einwände des Besuchers
- 5. Phase: Abschluss: Je nach Messetyp und Messezielsetzung kann für Sie ein Abschluss direkt auf der Messe sinnvoll sein. Meist geht es aber darum, einen Termin zu vereinbaren, um nach der Messe die Geschäfte in trockene Tücher zu bringen. Bitte bedenken Sie: Haben Sie sich die Neukundenakquise als Messeziel gesetzt, dann ist es nicht im Sinne dieses Ziels, mit einem Kunden (und sei es ein Neukunde) ein detailliertes Auftragsgespräch zu führen. In den sechzig oder neunzig Minuten dieses Gesprächs sind Sie als Verkäufer und Ansprechpartner blockiert. Potenzielle Neukunden werden nicht kontaktiert und

Abb. 1 Lassen Sie sich eine persönliche Begrüßung für Ihre Messebesucher einfallen

kaufen oder informieren sich beim Wettbewerb, der womöglich eine bessere Strategie auf der Messe hat.

- 6. Phase: Kaufbestätigung und Verabschiedung

Die Gliederung des Messegesprächs in diese sechs Phasen hilft Ihnen dabei, immer eine Orientierung darüber zu behalten, an welcher Stelle des Gesprächs Sie sich gerade befinden.

1. Phase: Kontaktaufnahme und Begrüßung

Bitte begrüßen Sie einen Ihnen unbekannten Besucher am Messestand nicht so, wie es etwa 75 % aller Aussteller auf den Messen machen. Nämlich mit der unmittelbar nach seinem Erscheinen geäußerten Frage: „Kann ich Ihnen helfen?" Diese Frage ist sehr plump und die meisten Besucher reagieren darauf mit einem reflexartigen: „Danke, ich möchte mich erst einmal umschauen!" Selbst wenn jemand konkrete Vorstellungen und Wünsche hat, mag er nicht überfallen werden, sondern erst einmal etwas Zeit haben, um sich umzuschauen und zu orientieren (vgl. Abb. 1).

Kennen Sie dieses unangenehme Gefühl, das einen meist in kleineren Modegeschäften überkommt? Sie haben gerade erst das Geschäft betreten, da kommen von rechts und links die Verkäuferinnen

auf Sie zugeschossen und fragen honigsüß: „Kann ich Ihnen helfen?"
Selbst wenn Sie deren Hilfe benötigen, weil Sie konkrete Fragen zum
Produkt oder zur Orientierung im Geschäft haben, kommt diese At-
tacke einfach zu schnell. Die meisten Menschen reagieren in dieser
Situation mit der Schutzbehauptung: „Danke, ich möchte mich erst
einmal umsehen."

Deshalb: Lassen Sie einem Besucher erst einmal einen Moment
Zeit. Er möchte zunächst ungestört einen Eindruck von Ihrem
Stand, Ihren Ausstellungsstücken und der Atmosphäre bekommen.
Statt ihn umgehend anzusprechen, nehmen Sie lieber Kontakt mit
den Augen zu ihm auf. Ihr freundlicher Blick signalisiert: „Ich habe
Sie wahrgenommen. Sie können mich ansprechen." Hat der Kunde
ein bestimmtes Anliegen, etwa einen vereinbarten Termin, den er
umgehend wahrnehmen möchte, dann wird er daraufhin auf Sie zukommen und es Ihnen sagen.

Kunden, die sich erst einmal orientieren möchten, werden Ihrem
Blick ausweichen und sich an Ihrem Stand umschauen. Bitte lassen
Sie diesen Besuchern diesen kurzen Moment der Orientierung.

Nach einem kurzen Moment oder wenn Sie erkennen, dass der
Besucher jetzt Ihren Blickkontakt sucht, können Sie ihn ansprechen.
Mögliche Varianten sind dabei offene Frage wie:

- „Was kann ich für Sie tun?"
- „Wie kann ich Ihnen weiterhelfen?"
- Oder etwas ausführlicher mit Begrüßung: „Guten Morgen, mein
  Name ist … Ich bin verantwortlich für den Bereich … Was kann
  ich für Sie tun?"

Das sind Standarderöffnungen, gegen die nichts einzuwenden ist.

Ein wirklich eleganter Einstieg in ein Messegespräch ist aber der
Einstieg über ein Exponat. Stellen Sie sich bitte die Situation folgen-
dermaßen vor: Der Besucher ist zu Ihrem Stand gekommen. Er hat
sich einen Augenblick orientiert. Jetzt steht er vor einem Ihrer Exponate. Sie kommen dazu und stellen sich idealerweise neben oder
schräg neben ihn.

▶ Bitte stellen Sie sich nie hinter den Kunden. Er könnte erschrecken, wenn er Sie vorher nicht bemerkt hat. Außerdem muss er sich vom Produkt abwenden, um Sie anzusehen.

Dann steigen Sie sofort in das Gespräch ein.

- „Ich sehe, Sie schauen sich unser neues Modell XY an. Das haben wir jetzt erst seit zwei Monaten im Programm und haben damit schon sehr gute Verkaufserfolge. Unsere Kunden sind damit sehr zufrieden. In welchem Bereich würden Sie es denn einsetzen?"
- „Ich sehe, Sie schauen sich unser Modell ‚Müller 4' an. Mit ‚Müller 4' haben unsere Kunden bis jetzt die Erfahrung gemacht, dass Sie ihre Produktionsabläufe um bis zu 20 % verkürzen können. Wie interessant wäre denn das ‚Müller 4'-Projekt für Sie?"
- „Ich sehe, Sie interessieren sich für unser Modell Futura 3000. Das ist unsere Neuheit auf der Messe. Was setzen Sie denn in diesem Bereich zurzeit ein?"
- Ein Einstieg für Mutige: „Ich sehe, Sie interessieren sich für unsere 123-Software. Mit dieser Anwendung lassen sich im Tagesgeschäft bis zu acht Prozent der üblichen Kosten reduzieren. Für wann planen Sie denn die Anschaffung eines solchen Programms?"

Eine andere Variante ist die Ansprache über einen Prospekt. Sie haben vielleicht am Eingang Ihres Stands oder an der Information Ständer mit Prospekten stehen. Viele Kunden suchen sich während ihrer Orientierungsphase so einen Prospekt und blättern ihn durch. Auch das ist eine ideale Möglichkeit, um ins Gespräch zu kommen. Sie können den Kunden wieder von der Seite ansprechen:

- „Guten Tag. Ich sehe, Sie schauen sich unseren neuen Prospekt an, in dem die XY Maschinen beschrieben werden. Wir haben mit diesen Maschinen sehr viel Erfolg im Bereich der industriellen Fertigung. Aus welchem Bereich kommen Sie denn?"

▶ Achten Sie bei der Begrüßung besonders auf den Blickkontakt. Lassen Sie sich bitte durch nichts von Ihrem Gesprächspartner ablenken. In dieser Situation ist er für Sie der wichtigste Mensch auf der Messe. Hören Sie gut zu, welche Antworten Sie von ihm erhalten. Konzentrieren Sie sich hundertprozentig auf das Gespräch.

Vorwand oder Einwand

Wenn Ihnen der Besucher auf Ihre Ansprache sagt, dass er sich erst einmal orientieren möchte, dass er sich erst einmal umschauen möchte, so können Sie ihn natürlich, wie gerade beschrieben, in Ruhe schauen lassen. Sie können aber auch einmal testen, wenn Sie dazu mutig genug sind, inwieweit dies eine vorgeschobene Schutzbehauptung ist oder inwieweit er sich wirklich einmal orientieren möchte. Das Gespräch läuft dann etwa in folgenden Schritten ab:

1. Verkäufer: Schönen guten Tag, was kann ich für Sie tun?

Kunde: Danke, ich möchte mich erst einmal umschauen.

2. Verkäufer: Gerne, schauen Sie sich in Ruhe um.
3. Wenn Sie Fragen haben, sprechen Sie einen meiner Kollegen oder mich darauf an.
4. Damit Sie sich besser orientieren können: In diesem Bereich haben wir die Produkte der Serie A, in diesem Bereich haben wir die Produkte der Serie B, und in diesem Bereich werden die neuen Modelle vorgestellt.
5. Was interessiert Sie denn speziell?

Bei dieser Vorgehensweise erhalten Sie zu etwa 50 % die Antwort, dass er sich doch lieber noch in Ruhe umschauen möchte. Dann wissen Sie, es war ein klarer Einwand, er möchte sich auf jeden Fall umschauen. In diesem Fall lassen Sie ihm auch den Raum, sich zu orientieren.

Aber in mindestens 50 % der Fälle passiert es, dass der Besucher konkret sagt, wofür er sich interessiert und was er sucht. Er brauchte vorher nur ein gewisses Warmwerden mit Ihnen als Gesprächspartner. Dadurch, dass Sie ein paar Sätze mehr gesprochen haben und er sich von Ihnen einen ersten Eindruck verschaffen konnte, vertraut er Ihnen mehr und sagt Ihnen klar, warum er da ist, was er sucht und wofür er sich interessiert.

▶ Sie sollten diese Variante der Begrüßung bzw. der Klärung eines Vor- oder Einwandes vorher natürlich einige Male geübt haben. Sie werden feststellen, es funktioniert hervorragend.

Die ideale (Sitz-)Position

Wenn sich der Gesprächspartner als interessant erweist, dann bitten Sie ihn, Platz zu nehmen. Bieten Sie ihm etwas zu trinken und eventuell einen kleinen Snack an. Nach anstrengenden Messetagen nimmt jeder diese Angebote gerne wahr.

Ideal ist, wenn Sie Ihrem Kunden über Eck, also etwas schräg gegenüber sitzen. Dann haben Sie ihn gut im Blick und können auch schnell registrieren, was sonst noch auf dem Stand los ist. Aber Vorsicht: Ihre Konzentration muss immer beim Besucher sein!

Über Eck können Sie ihm auch gut Unterlagen und Prospekte präsentieren, in die Sie dann gemeinsam hineinsehen können.

Für ein schnelles „Touch-and-Go"-Gespräch sind Stehtische am besten geeignet. Im Stehen sind Gespräche meist effektiver. Außerdem können Sie sich von Kunden mit geringerem Potenzial schneller wieder verabschieden. Das ist deutlich schwieriger, wenn der Gast erst einmal sitzt. Aber, wie bereits erwähnt: Der Standbau, die Wahl der Möbelstücke hängt, wie alles, von Ihren Messezielen ab!

Egal, ob im Sitzen oder Stehen: Rücken Sie Ihrem Besucher nicht zu sehr „auf die Pelle". Jeder Mensch hat eine Distanzzone, die er gewahrt wissen will. Sie kennen ja das Gefühl, im Aufzug auf zu engem Raum mit anderen Menschen zusammengepfercht zu sein. Das mag niemand. Also rutschen Sie Ihrem Besucher nicht so nahe, dass Sie ihn ungewollt berühren und respektieren Sie den Abstand, den er wählt.

2. Phase: Bedarfsermittlung – Fragen nach dem Kundenwunsch

Auf der Messe sind nicht alle Besucher gleich. Um Ihre Messeziele optimal umzusetzen, müssen Sie klare Prioritäten setzen.

Je nachdem, was für ein „Potenzial" der Besucher hat, also in welchem Umfang ein Geschäft mit ihm zu erwarten ist und wie dringlich dieses Geschäft ist, widmen Sie ihm mehr oder weniger Zeit.

Ihre Rolle auf der Messe lässt sich am besten mit der eines Arztes vergleichen. Wenn Sie in dessen Praxis gehen, weil Sie krank sind oder körperliche Beschwerden haben, dann wird er Sie untersuchen und Ihnen anschließend ein passendes Medikament verschreiben. Er wird mit Sicherheit nicht sagen: „Ich hätte da einen Saft, mit dem meine Patienten sehr gute Erfahrungen gemacht haben. Oder möchten Sie lieber Tabletten, die verschreibe ich gerne. Sie können aber auch Zäpfchen haben, die wirken auch sehr gut." Das würde Ihnen komisch vorkommen, schließlich erwarten Sie, dass er die Entscheidung darüber trifft, welches Mittel für Sie am besten ist.

▶ Vieles entgeht einem, bloß weil man nicht fragt.

Genauso ist Ihre Rolle am Messestand. Sie erstellen durch Fragen eine „Diagnose", das heißt: Sie versuchen möglichst schnell herauszufinden, was der Wunsch Ihres Besuchers ist und können dann beurteilen, welche Lösung Sie ihm als Fachmann für sein „Problem" präsentieren wollen.

Bei der Bedarfsermittlung müssen Sie wesentlich zielgerichteter und schneller vorgehen als in einem normalen Verkaufsgespräch. Das Zeitbudget Ihres Besuchers ist begrenzt, wie Ihr eigenes auch. Wenn Sie ihm dreißig Minuten lang das neueste Produkt präsentieren, um dann zu bemerken, dass es gar nicht seinem Bedarf entspricht, haben Sie ihn verärgert und Ihre eigene Zeit verschenkt. Noch ärgerlicher wäre es, wenn Sie feststellen müssten, dass Sie gerade einen Wettbewerber schlau gemacht oder mit einem Studenten gesprochen haben, der an seiner Diplomarbeit schreibt. Nichts gegen ein Gespräch mit diesen Besuchern, aber Sie werden weniger Zeit dafür veranschlagen und so manches Detail weglassen wollen ...

▶ Führen Sie effektive Gespräche: Finden Sie möglichst schnell heraus, wer Ihr Gesprächspartner ist und welche Wünsche und Interessen er hat. Führen Sie unbedingt zuerst eine Bedarfsermittlung durch, ehe Sie Ihr Produkt präsentieren.

„Touch and Go" mit Übergabe

Angenommen, Sie stellen während der Bedarfsermittlung fest, dass der Kunde aus einem bestimmten Gebiet kommt und nicht Sie, sondern ein Kollege für ihn verantwortlich ist. Bitte schicken Sie den Kunden dann nicht einfach hinüber zum Kollegen. Wenn dieser gerade Zeit hat, dann führen Sie den Kunden persönlich hinüber und machen Sie die beiden miteinander bekannt.

• „Herr Müller, das ist Fritz Meier aus dem Bereich Import/Export. Er ist verantwortlich für XY. Er wäre damit auch Ihr Ansprechpartner in Ihrem Gebiet in Nordbayern."

Erst, nachdem Sie dem Kunden den Kollegen vorgestellt haben, nennen Sie Ihrem Kollegen den Namen des Kunden.

▶ Es wird zuerst der Kollege dem Kunden vorgestellt. Ausnahme: Die Kollegin, die übernimmt, ist eine Frau. In diesem Fall wird zuerst der Kunde der Kollegin vorgestellt. Ist die Kundin eine Frau, relativiert es sich wieder.

Dann wiederholen Sie alles, was Sie bisher im Gespräch mit dem Kunden erfahren haben. Sie kennen sicher den „Buchbinder-Wanninger-Effekt": Um den geeigneten Ansprechpartner zu finden, musste dieser so lange seine Informationen wiederholen, bis er selbst ganz durcheinander war. Die meisten Kunden werden allerdings nicht konfus, sondern sauer, wenn sie ihre Informationen mehrmals vorbringen müssen. Das bekommt dann der letzte Ansprechpartner zu spüren, der vielleicht der „Richtige" ist und nichts dafür kann.

Achten Sie darauf, dass Ihr Besucher niemals etwas doppelt erzählen muss. Wiederholen Sie alles, was Sie in Ihrem Gespräch mit ihm bereits erfahren haben und erzählen Sie es in seinem Beisein Ihrem Kollegen. So schlagen Sie zwei Fliegen mit einer Klappe. Zum einen geben Sie Ihrem Kollegen alle Informationen, die er braucht, zum anderen bestätigen Sie dem Besucher, dass Sie zugehört und sich dafür interessiert haben, was er gesagt hat. Im Laufe dieses Gesprächs übergeben Sie Ihrem Kollegen auch die Visitenkarte, verabschieden sich bei dem Kunden und wünschen ihm noch einen schönen Tag.

• „Herr Schmitz, das ist Herr Müller, Willi Müller von der Firma XY in Düsseldorf. Er interessiert sich insbesondere für unsere Schlepper der zweiten Generation. Herr Müller ist vom Flughafen Düsseldorf und dort für den Einsatz der Schlepper verantwortlich. Bisher hat er Schlepper von YZ bezogen. Herr Müller – habe ich das alles jetzt korrekt wiedergegeben, so wie Sie mir das erzählt haben?" „Ja, das haben Sie. Vielen Dank!" „Gut, dann wünsche ich Ihnen noch einen schönen Tag auf der Messe und gute Geschäfte. Auf Wiedersehen!"

Wer den Kunden ganz am Schluss verabschiedet, füllt immer auch den so genannten Messebericht, siehe S.xxxff. aus. Der Kollege, der den Kunden „übergeben" hat, hat also nichts mit diesem Wertpapier zu tun.

Grundregeln der Fragetechnik

Die grundsätzliche Formel für alle Messegespräche lautet: KISS = Keep it short and simple.

- Fragen Sie präzise und kurz. Mit weitschweifigen Fragen handeln Sie sich in der Regel nur unbefriedigende, ebenfalls weitschweifige Antworten ein.
- Fragen Sie verständlich: Vermeiden Sie Begriffe, die der Gesprächspartner nicht kennt.
- Bitten Sie nicht vorher um Erlaubnis, ob Sie fragen dürfen; entschuldigen Sie sich nicht vorab für eine Frage.
- Betonen Sie die Worte der Frage richtig. Sehen Sie Ihren Gesprächspartner an. Demonstrieren Sie, dass Ihnen die Frage wichtig ist.

▶   Nichts ist einfacher, als sich schwierig auszudrücken. Und nichts schwieriger, als sich einfach auszudrücken.

Offene Fragen stellen

Mithilfe einer guten Fragetechnik können Sie schnell herausfinden, mit wem Sie es zu tun haben und welchen Bedarf die Person hat. Die effektivste Art von Fragen in der Bedarfsermittlung sind die so genannten „offenen Fragen" (auch „W-Fragen" genannt). Denn sie leiten die Frage mit den Fragewörtern wer, was, wie, wann, wieso, weshalb ein.

Übung

So haben Sie auf der Messe die geeigneten Fragen parat

Notieren Sie bitte alle Daten und Fakten, die Sie über den Besucher wissen müssen, um ihm auf dem Messestand ideal Ihre Produkte präsentieren zu können. Zum Beispiel: Name, Unternehmen, Anzahl der Mitarbeiter, Funktion, Zeitpunkt, wann er das neue Produkt oder die Dienstleistung einsetzen möchte, welche Erfahrungen er bisher in diesem Bereich gemacht hat, worauf er besonderen Wert legt, wer außer ihm noch an der Entscheidung beteiligt ist usw.

_____

_____

_____

_____

Formulieren Sie jetzt diese Aspekte zu offenen Fragen um. Zum Beispiel:

- „Welches Gerät nutzen Sie zur Zeit?"
- „Welche Erfahrungen haben Sie mit Geräten dieser Bauart bisher gemacht?"
- „Worauf kommt es Ihnen bei dem Einsatz einer Software in diesem Bereich besonders an?"

_____

_____

_____

_____

_____

▶ Formulieren Sie nicht mehr als acht bis zwölf offene Fragen zur Bedarfsermittlung. Kleben Sie ein Blatt Papier mit diesen Fragen auf Ihrem Messestand an eine Stelle, die Sie selbst mehrmals am Tag, nicht aber Ihre Besucher sehen können. Dadurch werden Sie immer wieder an die Fragen erinnert und beherrschen sie dann „aus dem Effeff".

Bitte vermeiden Sie die Frage: „Warum …?". Natürlich ist auch dies eine offene Frage. Jedoch erzeugt sie bei Ihrem Gegenüber in der Regel ein Gefühl des „Sich-rechtfertigen-müssens". Das mag niemand. Fragen Sie lieber: „Aus welchem Grund …?" oder „Was hat Sie veranlasst, …?" Das hört und fühlt sich für Ihren Gesprächspartner ganz anders an.

Warten Sie die Antwort ab

Wenn Sie Ihrem Besucher eine offene Frage gestellt haben, dann geben Sie ihm Zeit, darüber nachzudenken. Es kann schon einmal bis zu zehn Sekunden dauern, bis Ihr Kunde eine Antwort auf Ihre Frage parat hat. Warten Sie geduldig, halten Sie Blickkontakt, lächeln Sie ihn an – und reden Sie nicht. Viele Verkäufer halten diesen Moment des Schweigens nicht aus. Doch er ist entscheidend, denn der Kunde denkt über den Hintergrund Ihrer Frage nach. Und er fasst Vertrauen, wenn Sie auf seine Antwort warten und diese offensichtlich wirklich hören wollen.

Geben Sie keine Antworten vor

Manche Verkäufer stellen regelrechte „Multiple-Choice-Fragen", etwa in dem Stil: „Wann benötigen Sie das Produkt denn? In den nächsten vier Wochen? Zum Jahresende? Oder doch erst zu Anfang des nächsten Jahres?" Der Kunde kann dann seine Antwort förmlich ankreuzen – sofern die richtige Antwort dabei ist. Oder er wird vor die Alternative gestellt: „Möchten Sie es in vierzig oder sechzig Zentimetern haben?" Offensichtlich gibt es keine anderen Möglichkeiten.

Der Kunde ist mündig genug, seine Antwort selbst zu formulieren. Viele Menschen fühlen sich irritiert und eingeengt, wenn Sie Antworten vorgegeben bekommen. Und Sie selbst verbauen sich auf diese Art die Chance, an mehr Informationen zu kommen als die, die Sie dem Kunden vorgeben. Stellen Sie ihm also offene Fragen, zu denen er selbst die Antwort formulieren muss.

Lassen Sie den Kunden sprechen

Bedarfsermittlung bedeutet: Ihr Kunde redet. Der Gesprächsanteil des Kunden während der Bedarfsermittlung liegt bei zwei Dritteln. Ihr eigener bei einem Drittel. Sie wollen ja möglichst viele Informationen vom Kunden erhalten und dazu müssen Sie ihn ausgiebig zu Wort kommen lassen. Nur so können Sie das weitere Gespräch entsprechend steuern.

► Es lohnt sich zu bedenken, dass Reden zwar ein Bedürfnis, Zuhören jedoch eine Kunst ist.

Halten Sie Blickkontakt

Halten Sie während der Bedarfsermittlung Blickkontakt zum Kunden. Das ist auf der Messe gar nicht so leicht, da ständig Menschen um Sie herum stehen und Gespräche in unmittelbarer Nähe geführt werden. Aber lassen Sie sich davon nicht ablenken. Der Kunde, mit dem Sie jetzt gerade sprechen, ist für Sie in diesem Moment am wichtigsten – deshalb sind Sie auf der Messe.

Vermeiden Sie ein „Verhör"

In der Praxis werden Sie feststellen, dass Gespräche, die ausschließlich mit offenen Fragen geführt werden, leicht den Charakter eines Verhörs annehmen:

Verkäufer: „Guten Tag, ich sehe, Sie schauen sich unsere neue Infrarot-Enteisungstechnologie an. Wir haben damit sehr große Erfolge bei unseren Kunden. Welche Technik setzen Sie denn in diesem Bereich ein?"

Kunde: „Wir machen das noch flüssig."

Verkäufer: „Wie viele Anlagen haben Sie denn im Einsatz?"

Kunde: „Zwei."

Verkäufer: „Und wie viele Flugzeuge werden bei Ihnen pro Tag in den Stoßzeiten enteist?"

Kunde: „Etwa 80."

Verkäufer: „Von welchem Flughafen kommen Sie denn?"

Kunde: „Salzburg."

Verkäufer: „Und welche Erfahrungen haben Sie bisher gemacht mit der Enteisung der Flugzeuge?"

Kunde: „Gute Erfahrungen."

Zu viele offene Fragen hintereinander können abschreckend wirken. Der Gesprächspartner gibt einsilbige Antworten und fühlt sich vernommen. Schließlich geht er auf Distanz.

Das spricht aber nicht prinzipiell gegen offene Fragen. Sie sind dennoch die beste Technik, um an Informationen zu kommen. Aber, um das Gespräch etwas aufzulockern, ist es besser, Sie streuen zwischen Ihre Fragen ein paar persönliche Bemerkungen ein. Dann würde sich das Gespräch so anhören:

Verkäufer: „Guten Tag, ich sehe, Sie schauen sich unsere neue Infrarot-Enteisunganlage an. Wir haben mit dieser Technologie solchen Erfolg bei unseren Kunden. Welche Technik setzen Sie denn zur Zeit ein?"

Kunde: „Wir setzen zur Zeit die Enteisung mit Lösungsmitteln ein."

Verkäufer: „Mit Lösungsmitteln, ja, die sind am meisten verbreitet. Das funktioniert ja auch sehr gut. Von welchem Flughafen sind Sie denn?"

Kunde: „Salzburg."

Verkäufer: „Ach, Salzburg, das ist ja direkt um die Ecke für Sie. Da sind Sie ja sicherlich mit dem Auto angereist. Wie viele Flugzeuge fertigen Sie in den Stoßzeiten so etwa pro Tag ab?"

Kunde: „Ja, das sind etwa achtzig pro Tag."

Verkäufer: „Etwa achtzig, ja, das ist ja schon eine beträchtliche Menge. Aber dafür ist Salzburg ja auch bekannt. Welche Erfahrungen haben Sie denn mit Ihrer Enteisungsanlage bisher gemacht?"

Kunde: „Ja, schon gute. Aber in den Stoßzeiten ist es natürlich sehr aufwendig und die Flugzeuge stehen sehr lange auf dem Vorfeld, bevor sie endlich starten dürfen. Das verursacht Staus und dafür suchen wir bessere Lösungen."

Verkäufer: „Ja, das kann ich verstehen, dass Sie eine höhere Enteisungsquote auf Ihrem Vorfeld haben möchten, damit alles reibungsloser abläuft. Ich gebe Ihnen gerne Details zu der Anlage."

Sie sehen, dieses Gespräch verlief deutlich „weicher", anteilnehmender und freundschaftlicher. Eher wie ein Gespräch auf einer Party oder ein lockerer Smalltalk. Der Gesprächspartner fühlt sich angenommen und öffnet sich.

Paraphrasieren

Die Technik, mit der Ihnen das gelingt, nennt sich „Paraphrasieren". Dabei spielen Sie nicht (nur) das Frage–Antwort–Frage–Antwort–Frage–Antwort-Spiel. Statt unmittelbar nach der Antwort des Kunden eine neue Frage zu stellen, gehen Sie kurz auf seine Antwort ein:

- Sie wiederholen sie mit eigenen Worten,
- Sie bestätigen sie aus Ihrer Erfahrung heraus,
- Sie äußern Verständnis oder
- Sie geben eine andere positive Rückmeldung.

Der Kunde soll merken, dass Sie seine Aussagen wertschätzen und anerkennen. So wirkt das Gespräch nicht so abgehackt und Sie locken den Kunden aus seiner Reserve. Durch Ihr Vorbild wird auch er lockerer und gibt mehr von sich preis. Sie werden feststellen, dass Sie nahezu alles erfahren, wenn Sie diese Gesprächstechnik anwenden.

Offene Fragen zu stellen und auch noch so gut zuzuhören, dass Sie anschließend in der Lage sind, zu paraphrasieren, dazu gehört einiges an Übung und die entsprechende Konzentration.

Bitte lernen Sie Ihre Fragen schon vor dem Einsatz auf dem Stand auswendig. Ja, Sie haben richtig gelesen. Auswendig lernen. Auch wenn Ihnen diese Methode überholt vorkommt, ist es ein gutes Gefühl, im Kundengespräch später nicht ständig überlegen zu müssen, welche Frage in welcher Formulierung denn noch fehlt.

Fragen Sie nach der Visitenkarte

Sie können sich auch sparen, nach so mancher Information zu fragen, wenn Sie sich frühzeitig eine Visitenkarte geben lassen. Der Brauch, Visitenkarten auszutauschen, ist bei uns so normal geworden wie das Händeschütteln bei der Begrüßung. Zögern Sie also nicht, möglichst früh die Visitenkarten ins Spiel zu bringen.

Die eleganteste Art und Weise, eine Visitenkarte zu erhalten, ist, die eigene anzubieten. Im Gegenzug wird Ihr Gesprächspartner in den meisten Fällen ebenfalls sofort seine Visitenkarte zücken. Tut er das nicht, so bitten Sie ihn darum. Beispiel:

Verkäufer: „Guten Tag, ich sehe, Sie schauen sich unser neues Schleppermodell an. Wir haben in dieses Modell alle Erfahrungen aus den bisherigen Modellen einfließen lassen. Zusätzlich noch zu den Erfahrungen, die wir mit den Prototypen bei unseren Kunden gemacht haben. Unsere Kunden sind absolut begeistert über die neuen Funktionen in der Steuerung. Welche Schleppertypen setzen Sie denn bei sich ein?"

Kunde: „Wir setzen die Typen A, B und C ein."

Verkäufer: „Ach die kenne ich, die sind vom Lieferanten XY. Entschuldigen Sie, ich habe mich noch gar nicht vorgestellt. Mein Name ist Hans Meier, ich bin für den Bereich XY verantwortlich." (In diesem Moment überreichen Sie Ihre Visitenkarte.)

Im Normalfall reicht Ihnen jetzt der Besucher auch seine Visitenkarte. Macht er das nicht, können Sie ohne Probleme direkt danach fragen: „Hätten Sie vielleicht auch ein Kärtchen für mich?"

Die Visitenkarte des Kunden liefert Ihnen Informationen darüber, aus welchem Unternehmen Ihr Gesprächspartner kommt, wie er genau heißt, welche Position er hat, aus welchem Land er ist und welche Adresse er hat. Machen Sie es sich zur Gewohnheit, sich den Namen schnell einzuprägen und den Besucher fortan mit seinem Namen anzusprechen.

Verkäufer: „Vielen Dank, Herr Huber, ich sehe, Sie sind Leiter der Einkaufstechnik. Dann sind Sie mein Ansprechpartner, wenn es um den Bereich der Schlepper geht?"

▶ Ihre Visitenkarte sollte immer griffbereit und in tadellosem Zustand sein. Verknickte Visitenkarten gehören sofort ins Altpapier.

Machen Sie sich ruhig Notizen

Sollten Sie nach ein paar Minuten feststellen, dass Sie einen interessanten Kunden vor sich haben, dann machen Sie sich Notizen über das Gespräch. Der Höflichkeit halber fragen Sie den Kunden, ob er damit einverstanden ist. Das wird er aber sein, denn daran merkt er, dass Sie ein Interesse daran haben, ihm ein zu seinem Bedarf passendes Angebot vorzulegen.

Benutzen Sie aber auf keinen Fall ein vorgefertigtes Formular für Ihre Notizen oder zur Bedarfsanalyse. Das wirkt auf den Kunden so, als sei er ein „Nullachtfünfzehn-Fall", der dann routinemäßig in irgendeiner Kartei verschwindet. Der Kunde muss sich als individueller Besucher fühlen und nicht als einer von vielen, mit denen Sie immer wieder die gleichen Fragen durchgehen.

Der moralische Vorvertrag

Wie schaffen Sie es, die Kaufbereitschaft, die Verbindlichkeit Ihres Kunden und sein wirkliches Kaufinteresse schon jetzt in der Bedarfsermittlung einmal zu testen? Wie schaffen Sie es, den Abschluss eines Geschäfts nicht erst am Ende eines Gesprächs einzuleiten, sondern schon in dieser Bedarfsermittlungsphase? Dies gelingt Ihnen durch den moralischen Vorvertrag. Er ist keine Garantie, doch ein sehr hilfreiches Instrument, um eine hohe Verbindlichkeit ins Gespräch zu bekommen. Wie funktioniert dieser moralische Vorvertrag nun im Detail? Es sind genau vier Phasen.

1. Phase: Bedarfsermittlung – Zahlen, Daten, Fakten

Hier fragen Sie Mengen und Größen ab, Bezugswege, und, und, und – Details, die Sie brauchen, um das Potenzial des Kunden einzuschätzen.

2. Phase: Weiche Faktoren

Hierbei sind es insbesondere Fragen der Art:

- Welche Erfahrungen haben Sie denn mit dem Einsatz Ihrer bisherigen Geräte, Dienstleister usw. gemacht? (Bitte fragen Sie nie: „Wie zufrieden sind Sie mit …?". Denn „zufrieden" impliziert immer wieder eine positive Antwort. Sie brauchen aber sowohl positive als auch negative Aussagen, um entsprechend später mit Ihrer Argumentation zielgerichtet ansetzen zu können.)
- Worauf kommt es Ihnen bei einem neuen Produkt, bei einem neuen Dienstleister besonders an?
- Was ist Ihnen besonders wichtig?
- Was ist für Sie entscheidend, wenn Sie über die Listung eines neuen Lieferanten nachdenken?

3. Phase: Nun zählt der Kunde in der Regel auf. Oftmals kommt, je nach Branche, zuerst der Preis. Dann sollten Sie natürlich weiter fragen:

- „Was, außer dem Preis, ist für Sie sonst noch wichtig?" Man nennt dies in der dritten Phase die so genannte Kontrollfrage: Was außer … noch? Was außer … ist für Sie noch entscheidend? Was … darüber hinaus … noch? Gibt es sonst noch etwas, was für Sie entscheidend ist?

Folgt jetzt ein „Ja" im Sinne von „es gibt weitere Faktoren", dann nehmen Sie diese Faktoren noch einmal auf und fragen weiter, bis Sie am Ende ein klares „Nein" bekommen. Nein, sonst gibt es keine weiteren Punkte, die für den Kunden entscheidend sind, zu kaufen oder nicht zu kaufen. Fragen Sie so lange, bis Sie ein klares „Nein" bekommen, bis alle Punkte auf dem Tisch sind.

4. Phase: Bedingungsfrage – Wenn, dann

- Das heißt, Herr Kunde, wenn Sie sich davon überzeugen können, dass wir Ihnen genau dies bieten, sind wir dann Ihr Partner?
- Das heißt, Herr Kunde, wenn Sie sehen, dass wir als Lieferant genau diese Punkte optimal für Sie abdecken, sagen Sie, über welche Menge sprechen wir dann? Wann würden Sie dann entscheiden? Wann benötigen Sie die Ware dann spätestens? Wären wir dann Ihr neuer Lieferant?

Kommt nun ein „Ja" oder eine zustimmende Antwort, so haben Sie den moralischen Vorvertrag abgeschlossen. Nun wird es für Ihren Gesprächspartner am Ende des Gespräches äußerst schwierig, keinen Termin mit Ihnen zu vereinbaren bzw. zu sagen „Nein, das ist doch nicht das, was ich mir erwarte". Kommen als Antwort unklare Aussagen, schwammige Aussagen oder Aussagen wie „das warten wir erst einmal ab", „da schauen wir erst einmal", dann fragen Sie noch einmal nach. Beweisen Sie Fingerspitzengefühl, es geht nicht um das klassische Hardselling. Es geht nicht um Druckverkauf. Es geht darum, an dieser Stelle schon eine entsprechende Verbindlichkeit in das Gespräch zu bekommen. Diese Methode funktioniert im Tagesgeschäft und insbesondere auf der Messe hervorragend. Wichtig ist, dass Sie diese Methode souverän beherrschen und gekonnt dosieren.

Um Ihnen einen Überblick darüber zu geben, was Sie alles fragen könnten, finden Sie auf Seite xx als Beispiel den umfangreichen Fragenkatalog eines Papierherstellers, der Handtuchpapier und Hygienepapier sowie Seifen verkauft. Das Besondere daran ist, dass dieses Unternehmen fünf Kernzielgruppen hat. Diese Zielgruppen kommen aus dem Bereich Büro, Industrie, Krankenhaus, Altenheim und Schule, das heißt, jeder Fragenkatalog ist auf die Zielgruppe entsprechend angepasst. Passen auch Sie Ihren Fragenkatalog direkt auf die Bedürfnisse der Zielgruppe an. Der Fragenkatalog in Abb. 2 ist auf die Zielgruppe „Altenheime" zugeschnitten.

3. Phase: Präsentation

In der Präsentationsphase gilt es, Ihr Produkt oder Ihre Dienstleistung als die ideale Lösung für Ihren Besucher zu präsentieren. Auf der Messe haben Sie jedoch nicht das gleiche Zeitbudget dafür wie in einem normalen Verkaufsgespräch. Oft haben Sie nur wenige Minuten, in denen Sie dem Besucher klarmachen müssen, dass Ihr Produkt oder Ihre Dienstleistung die optimale Lösung für ihn ist. Ziel kann also nicht sein, ihn bis ins letzte Detail zu informieren. Stattdessen müssen Sie ganz gezielt auf die Aspekte eingehen, die für ihn von Nutzen sind und so seine Neugierde wecken. Der Kunde soll Lust bekommen, mit Ihnen einen Termin nach der Messe zu vereinbaren. Dann können Sie ihm das Produkt bis in die letzte Schraube erklären, wenn er das unbedingt will. Aber auf der Messe geht das nicht. Der Kunde will das in der Regel auch gar nicht hören.

Verantwortlichkeiten, Struktur:

1. Wer ist verantwortlich für den Einkauf von Hygieneprodukten? ☐ _____ Telnr: ____
2. Wer entscheidet noch, muss noch involviert werden? ☐ _____ Telnr: ____
3. Wer macht die Bestellungen in Ihrem Hause? ☐ Pflegedienstleitung ☐ Einkäufer/-in ____ Telnr: ____
4. Wer ist für die Reinigung verantwortlich? ☐ Eigenes Personal ☐ Fremdfirma /GR ____ Telnr: ____
5. Wie ist das Pflegeheim strukturiert, wer ist der Träger? ☐ Einkaufsverbund ☐ _____ Telnr: ____
6. Welche vertragliche Bindungen bestehen? ☐ Ausschreibung ☐ Laufzeit _____

Aktuelle Wettbewerbssituation:

7. Welche(n) Lieferanten haben Sie derzeit? ☐ _____

Aktueller Bedarf:

8. Wie viele Mitarbeiter haben Sie? — Anzahl Mitarbeiter: _____
9. Wie hoch ist die Anzahl der Betten? — Anzahl Betten: _____ Anzahl Bewohner: _____
10. Wie viele Waschräume haben Sie? — WR Bewohner: _____ WR Besucher: _____
11. Welche Produkte/Systeme haben Sie momentan im Einsatz? ☐ _____
12. Wie hoch ist Ihr Verbrauch? — _____ VE pro _____ ☐ Monat ☐ Quartal
13. Wie oft werden die Waschräume gereinigt? — _____ mal pro _____ ☐ Tag ☐ Woche
14. Wie sind Ihre Lagerkapazitäten?
15. Welche Bestellmöglichkeiten nutzen Sie? ☐ Fax ☐ Telefon ☐ AD-Besuch ☐ _____

Verwenderverhalten/Ansprüche des Kunden:

16. Welche Ansprüche haben Sie an ein Hygienesystem? ☐ _____
17. Wie wichtig ist Ihnen Hygiene? ☐ _____
18. Welche Erfahrungen machen Sie mit Produkten/Anbieter(n)? ☐ _____
19. Wie ist das Erscheinungbild in Ihren Waschräumen? ☐ _____
    ⮕ Begehung möglich? ☐ ja ☐ nein ☐ _____

Wechselbereitschaft:

20. Was ist Ihnen wichtig bei der Zusammenarbeit mit einem Lieferanten? ☐ Zuverlässigkeit ☐ Service ☐ Qualität ☐ Preis/Leistung
    Welcher Punkt ist der wichtigste? ☐ _____
21. Was müsste ein neuer Lieferant für Sie bringen, damit Sie sich für eine Zusammenarbeit mit ihm entscheiden? ☐ _____
    ⮕ falls ausschließlich Preis genannt wird:
    Was (außer dem Preis) ist Ihnen noch wichtig? ☐ _____

Potenzial/zukünftiger Bedarf:

22. Welche zukünftigen Entwicklungen gibt es im Pflegeheim? ☐ An- / Ausbau ☐ Umbau ☐ _____
23. Für welche weiteren Bereiche besteht Bedarf für Hygieneprodukte? ☐ Kantine ⮕ Bedarf an: _____
    ☐ Gemeinschaftsräume ⮕ Bedarf an: _____
    ☐ _____ ⮕ Bedarf an: _____

Verwenden Sie möglichst viele **W**-Fragen, vergessen Sie nicht, zu „paraphrasieren" (= Antwort des Kunden positiv wertschätzend zusammenzufassen)

Abb. 2 Beispiel für einen Fragenkatalog – Zielgruppe Altenheime

Betonen Sie in Ihrer Präsentation also die Aspekte, auf die der Kunde in seiner Bedarfsermittlung Wert gelegt hat. Die Art und Weise, in der Sie dabei vorgehen, ist entscheidend.

> ▶ Wenn Ihr Kunde nach der Messe überlegt, mit wem er sich bei seinem Messebesuch unterhalten hat, dann muss er an Sie denken. Fallen Sie ihm nicht spontan ein, dann war Ihre Präsentation nicht gelungen.

Je nach Typ und Branche führt ein professioneller Messebesucher etwa acht bis dreißig qualifizierte Gespräche pro Tag. Soll Ihr Kunde sich nach der Messe auch noch an Sie, an das Gespräch mit Ihnen und an Ihr Produkt oder Ihre Dienstleistung erinnern, so achten Sie auf die folgenden fünf Punkte.

1. Kundenorientiert formulieren – die „Sie-Formulierung"

Noch vor einigen Jahren hieß es in Seminaren oder entsprechenden Büchern: Der Kunde ist der Partner. Ziel war, mit dem Kunden eine Partnerschaft anzustreben. Heute ist das nicht mehr aktuell. Heute heißt das Thema „Kundenorientierung". Das bedeutet, dass der Kunde im Mittelpunkt steht – auch wenn er damit bei den meisten Unternehmen voll im Weg steht.

Bei meinen Seminaren stelle ich immer wieder die provozierende Frage: „Warum sollte ich als Kunde mit Ihnen Geschäfte machen? Warum soll ich bei Ihnen Ihre Produkte kaufen?

Die Antworten, welche ich dann zumeist erhalte, lauten so:

- „Weil wir die größte Erfahrung haben."
- „Weil wir zuverlässige Partner sind."
- „Weil wir uns in dieser Branche am besten auskennen."
- „Weil man damit Kosten einspart."

- „Weil man damit die Produktionsleistung erhöhen kann."
- „Weil man damit Ausfallzeiten einschränken kann."
- „Weil ich der persönliche Ansprechpartner bin."
- „Weil ich seit Jahren in dieser Branche bin und über enormes Wissen verfüge."
- „Weil ich das Produkt selbst auch nutze."

Fällt es Ihnen auf? Hier wird nur von „wir", „ich" oder „man" gesprochen. Der Kunde wird gar nicht einbezogen. Bitte streichen Sie zukünftig ähnliche Sätze aus Ihrem Repertoire. Sie gehen in keiner Weise auf den Kunden ein. Er steht in diesen Aussagen nicht im Mittelpunkt, sondern höchstens am Rande. Am Kunden orientiert sich allein das Wort: *„Sie"*.

- „Sie sparen Ihr eigenes Lager, weil Sie von uns zweimal am Tag beliefert werden."
- „Sie haben die Möglichkeit, Ihren Kunden zusätzlich noch zwei Modelle anbieten zu können. Das ermöglicht Ihnen eine Produktivitätssteigerung von …"
- „Sie haben die Sicherheit, mit einem Lieferanten zusammenzuarbeiten, der schon seit 70 Jahren auf dem Markt ist. Somit können Sie davon ausgehen, dass Sie sich auch zukünftig auf uns verlassen können."

2. Kundenorientiert formulieren – positiv formulieren

Stellen Sie sich einen alpinen Abfahrtsläufer vor, der oben am Start steht und sich einredet: „Ich darf nicht stürzen, ich darf nicht stürzen …!" Was meinen Sie, was passiert? Richtig! In der ersten Kurve wird er im Fangzaun landen.

Warum? Weil unser Gehirn jedes Wort in ein Bild umwandelt. Für bestimmte Wörter gibt es aber keine Bilder, eben für „kein" oder „nicht". Man kann sich etwas „nicht nicht vorstellen". Um es zu negieren, muss man es sich erst einmal vorstellen. Und damit hat man dann genau die Szene im Kopf, die man vermeiden möchte. Im Gehirn des Abfahrtsläufers kommt also nur an: „Ich … stürzen. Ich … stürzen." Kein Wunder, dass er stürzt.

Vermeiden Sie also negative Formulierungen. Nicht nur die Verneinung von Aussagen, sondern alle negativen Ausdrücke, die den Kunden auf Gedanken bringen können, die nicht in Ihrem Sinne sind. Etwa: „Damit hatten wir noch nie Reklamationen." Was bleibt beim Kunden hängen? Das Wort Reklamationen! Ein anderes Beispiel: „Damit haben Sie keine Ausfallzeiten." Hier kommt beim Kunden nur der Begriff Ausfallzeiten an. Oder: „Damit hatten wir noch nie Probleme." Der Kunde hört „Probleme" und wird skeptisch.

3. Kundenorientiert formulieren – der Kunde kauft nur den Nutzen

Ihnen mag ganz selbstverständlich erscheinen, welchen Nutzen Ihre Produkte oder Ihre Dienstleistungen für den Kunden haben. Aber ihm selbst fallen sie nicht unbedingt sofort ins Auge. Deshalb weisen Sie ihn darauf hin, was sein Vorteil und sein Nutzen ist, wenn er Ihr Produkt kauft.

Das in aller Kürze zu tun, ist nicht leicht. Am besten bereiten Sie sich darauf gründlich vor. Schreiben Sie auf, welche Merkmale Ihre Produkte oder Ihre Dienstleistungen kennzeichnen und welcher Nutzen für Ihren Kunden daraus resultiert. Wenn beispielsweise Ihr Unternehmen über eine eigene LKW-Flotte zur Belieferung der Kunden verfügt, so besteht der Nutzen darin, dass der Kunde einen festen Ansprechpartner bei der Auslieferung der Produkte hat, der Fahrer des LKWs sich auskennt und der Kunde schnell und auch einmal außer der Reihe beliefert werden kann, weil Sie flexibel genug sind.

Bitte schreiben Sie zu jedem der vier folgenden Faktoren jeweils vier Merkmale und die entsprechenden Kundennutzen-Übersetzungen auf.

Kundennutzen

1. des Unternehmens

_____

_____

_____

_____

_____

2. der Produkte

_____

_____

_____

_____

_____

3. des Service

_____

_____

_____

_____

_____

4. der Person

_____

_____

_____

_____

_____

33 gute Gründe

Bei dieser Übung tun sich Teilnehmer im Seminar immer schwer. Natürlich, fünf bis zehn Argumente, warum ein Kunde kaufen sollte, kommen immer sehr schnell. Doch danach wird es meist sehr dünn.

Deshalb meine Empfehlung: Schreiben Sie einmal in einer Gruppenarbeit mit Ihren Kollegen und Mitarbeitern auf, warum ein potenzieller Neukunde mit Ihnen Geschäfte machen sollte.

Bei meinem Autohändler gibt es eine Mappe. In dieser Mappe sind auf einer Seite 33 gute Gründe genannt, warum man als Kunde sein Auto bei ihm kaufen sollte. Gut, nicht jeder Kunde liest das, doch ab und an wird es wahrgenommen. Und es ist schon beeindruckend, die Argumentation, warum es sich lohnt, dort zu kaufen, einmal geballt auf einer Seite zu sehen.

► Wenn Sie selbst nicht wissen, warum ein Kunde bei Ihnen kaufen soll, wie wollen Sie es dann Ihrem potenziellen Neukunden vermitteln?

Wie wäre es, wenn Sie an einer ungenutzten Wand Ihres Messestands ein großes Plakat hätten: „33 gute Gründe, warum es sich lohnt, mit uns zusammenzuarbeiten" oder wenn Sie bei den Angeboten, die Sie versenden, oder auf Rechnungen jeweils gute Gründe aufführen, warum es sich lohnt, bei Ihnen zu kaufen.

4. Kundenorientiert formulieren – in Bildern sprechen

Vielleicht kennen Sie das berühmte Beispiel der verstorbenen Trainerin und Kollegin Vera Birkenbihl: Ein Zweibein sitzt auf einem Dreibein und isst ein Einbein. Da kommt ein Vierbein und will dem Zweibein das Einbein wegnehmen. Daraufhin schlägt das Zweibein das Vierbein mit dem Dreibein in die Flucht.

Lesen Sie die Geschichte noch einmal und versuchen Sie dann, sie aus dem Gedächtnis zu wiederholen.

Egal, ob Sie es geschafft haben oder nicht, Sie werden versucht haben, sich die „Beine" mithilfe einer Technik zu merken. Es gibt zwei Varianten als Gedächtnisstütze. Die erste Variante: Sie merken sich den Zahlenrhythmus. Die zweite Variante: Sie verbinden jedes dieser Ein-, Zwei-, Drei- oder Vierbeine mit Bildern.

Haben Sie sich für die Variante mit dem Zahlenrhythmus entschieden, so haben Sie Ihre linke Hirnhälfte genutzt. Die linke Hirnhälfte ist nicht ganz so stark, wenn es darum geht, sich etwas zu merken und im Gedächtnis zu behalten. In ihr werden Zahlen, Daten und Fakten gespeichert – allerdings nur für begrenzte Zeit und in begrenztem Umfang. In der rechten Gehirnhälfte dagegen werden Bilder, Musik, Farben und Gefühle gespeichert. Die „Inhalte" dieser Hirnhälfte sind deutlich besser abzurufen. Sie kann wesentlich mehr speichern (nachzulesen in: Birkenbihl Vera, „Stroh im Kopf").

Ihre Kunden werden also deutlich mehr von Ihrem Gespräch und von Ihrem Produkt behalten, wenn Sie eine bildhafte Sprache benutzen. Bringen Sie vorstellbare Referenzbeispiele dafür, in welchen Bereichen Ihr Produkt eingesetzt wird und welche Erfahrungen Sie oder Ihre Kunden damit gemacht haben.

Eine Technik, die in dieser Gesprächssituation hervorragend funktioniert, ist die so genannte Zeugenumlastung: Dazu wird das Beispiel eines Dritten als positiver Erfahrungswert in den Dialog eingebaut.

Beispiel: Ein Trainerkollege lässt in seinem Fachbuch zum Thema Verkauf immer wieder einen „Verkaufsexperten" zu Wort kommen. Der Experte untermauert als Verkaufsprofi mit seinen Äußerungen und Praxisbeispielen immer wieder den Standpunkt des Autors. Dieser „Experte" ist tatsächlich aber nur fiktiv. Der Autor hat sich diese Person ausgedacht, weil seinen Thesen und Ausführungen auf diese Art mehr Glaubwürdigkeit verliehen wird.

Nutzen Sie die Zeugenumlastung auch in der Messekommunikation. Wenn Sie als Verkäufer positiv über Ihr Unternehmen und Ihr Angebot sprechen, so wird das von neuen Kunden oft interpretiert in dem Sinne: „Der muss ja so reden, der will es ja verkaufen!" Nutzen Sie die Beweisführung über Dritte: Ein zufriedener Stammkunde, ein Neukunde mit regionaler oder fachlicher Nähe zum Gesprächspartner (Achtung: keine Wettbewerber als Vergleich!), ein Testergebnis usw. überzeugen oft mehr.

Bitte denken Sie in diesem Zusammenhang an die Verkäuferregel:

▶ Alles, was Du sagst, muss wahr sein, aber nicht alles, was wahr ist, musst Du auch sagen.

Im Idealfall können Sie einem verunsicherten oder zögerlichen Kunden einen Referenzgeber mit Adresse und Durchwahlnummer nennen, bei dem er sich bis zu Ihrem nächsten Termin einmal erkundigen kann. Achten Sie dabei natürlich darauf, einen wirklich zufriedenen Referenzgeber auszuwählen.

Ganze Branchen leben von dieser Art der Verkaufstaktik. Das Spannende dabei ist: In den seltensten Fällen wird wirklich beim Referenzkunden angerufen! Ich nutze diese Technik als Trainer auch, um meine Dienstleistung zu verkaufen: In den letzten drei Jahren konnte ich immer einen oder zwei spezielle Kunden als Referenzgeber nennen. Nur ein Kunde hat in dieser Zeit wirklich von diesem Angebot Gebrauch gemacht und hat mit meinem Referenzgeber telefoniert. Allen anderen hat bereits die Wahlmöglichkeit als Vertrauensbeweis genügt.

Beziehen Sie den Kunden ein

Sie können Ihr Produkt oder Ihre Dienstleistung beim Kunden noch besser verankern, wenn Sie ihn in die Präsentation mit einbeziehen. Führen Sie beispielsweise eine Software vor, so überlassen Sie dem Kunden die Steuerung per „Maus" – auch wenn das doppelt so lange dauert. Der Kunde wird seine eigenen Erfahrungen besser in Erinnerung behalten, als wenn er Ihnen dabei zusieht, wie Sie die Software bedienen. Auf Automobilausstellungen haben Sie vielleicht schon beobachtet, wie sich vor einzelnen Fahrzeugen lange Schlangen bilden, nur weil die Menschen sich einmal in diese Autos hineinsetzen möchten. Weil sie nämlich auf diese Weise ein „Gefühl" für das Auto entwickeln.

Um den Kunden einzubeziehen, können Sie auch Ihr Prospektmaterial und Ihre Kataloge heranziehen. Wenn Sie genau wissen – was bei Messegesprächen oft der Fall ist –, dass Ihr Kunde am heutigen Tag nichts entscheiden wird, arbeiten Sie bei der Präsentation aktiv mit Ihren Unterlagen. Schlagen Sie die Seite auf, auf der das Produkt, das Sie präsentieren, beschrieben wird. Markieren Sie mit Ihrem Kugelschreiber Einzelheiten, die den Kundennutzen betonen. Fügen Sie unter Umständen handschriftlich einige Informationen hinzu. Schreiben Sie dann Ihren Vor- und Nachnamen sowie Ihre Telefondurchwahl (bei Außendienstlern die Handynummer) oben auf die Seite. Sie haben zwar dem Kunden bereits Ihre Visitenkarte überreicht und vielleicht ist auch der Prospekt mit einem Stempel versehen. Doch mit Ihrem Namen in Ihrer Handschrift erhält der Prospekt eine persönliche Note. Er wird von einer Unterlage, die sich an „jedermann" richtet, zu einem persönlichen Angebot nur für diesen Kunden. Weisen Sie Ihren Kunden darauf auch noch einmal hin: „Sie finden hier alle Daten, die Ihnen wichtig sind, in einem ganz speziellen Angebot für Sie."

Sollte er später noch Rückfragen haben, muss er nicht lange nach der Visitenkarte suchen, sondern kann Sie jederzeit unter der auf der Seite notierten Nummer erreichen.

▶ Falten Sie das Informationsmaterial so zusammen, dass die Seite mit Ihren handschriftlichen Notizen obenauf liegt. So geben Sie dem Kunden den Katalog mit.

In meinen Seminaren frage ich die Teilnehmer immer, wer schon einmal eine Präsentation in dem Stil, wie er gerade beschrieben wurde, erlebt hat. Meistens sind etliche bereits so fachmännisch beraten worden, sei es beim Kauf einer Küche, eines Rasenmähers oder eines Videorecorders. Auf meine Frage, ob die Betreffenden das Produkt anschließend auch dort, wo Sie auf diese Weise beraten wurden, gekauft haben, antworten etwa neunzig Prozent, dass sie sich für den Kauf entschieden haben.

Meinungsfrage = Testabschluss

Wie schaffen Sie es nun, Ihre Argumentation zu verkürzen? Wie schaffen Sie es, unter dem zeitlichen Druck eines Messegesprächs mit wenigen, aber gezielten Argumenten Ihren Kunden zu überzeugen, mit Ihnen Geschäfte zu machen oder zumindest einen Termin nach der Messe zu vereinbaren? Darüber hinaus: Wie schaffen Sie es, alle Besucher mit ins Boot zu holen? Stellen Sie sich vor, Sie haben eine Gruppe von drei oder mehr Besuchern auf Ihrem Messestand, die alle aus demselben Unternehmen kommen. Ein oder zwei davon sind Ihnen wohlgesonnen, sie lächeln Sie freundlich an, nicken immer wieder und stellen interessiert Fragen. Wie schaffen Sie es, die anderen, die nicht direkt mit Ihnen kommunizieren, mit einzubeziehen? Denn sonst könnte es ja – wie im Tagesgeschäft häufig – passieren, dass Sie am Ende zwar ein oder zwei Gesprächspartner überzeugt haben, doch die anderen anschließend die Entscheidung wieder kippen.

Die Lösung ist der Testabschluss. Der Testabschluss ist eine Meinungsfrage. Meinungsfragen sind etwas sehr Positives, Wertschätzendes für das Gegenüber. Jeder wird gerne nach seiner Meinung gefragt, und die meisten haben auch zu den meisten Themen eine Meinung.

Sie argumentieren also, nachdem Sie den Bedarf bzw. das Potenzial des Kunden ermittelt haben, in dieser Reihenfolge: Sie präsentieren ihm zuerst den Vorteil Ihrer Lösung. Anschließend erklären Sie das Merkmal, die Art und Weise, wie Sie diesen Vorteil erreichen wollen, und im dritten Schritt untermauern Sie Ihre Argumentation noch über ein Referenzbeispiel. Im vierten Schritt erfolgt dann der Testabschluss, also die Meinungsfrage.

Es gibt zwei Arten von Meinungsfragen – geschlossene und offene. Bei geschlossenen Meinungsfragen kann der Kunde nur mit „Ja" oder „Nein" antworten. Dahinter steckt folgende Idee: Wenn der Kunde im Gespräch drei-, vier- oder fünfmal mit einem „Ja" bestätigt hat, dass das für ihn interessant wäre, dann wird er bei der Terminvereinbarung oder beim Gesprächsabschluss nicht plötzlich mit einem „Nein" kommen und den Termin verweigern.

Geschlossene Testabschlussfragen funktionieren gut. Noch besser funktionieren offene Meinungsfragen. Das sind Meinungsfragen, bei denen der Kunde nicht mit „Ja" oder „Nein" antworten kann, sondern in der Regel mit einem Statement, mit einer Begründung, mit einer Aussage oder mit einem ganzen Satz antwortet.

▶ Gegen Ihre Argumente kann sich der Kunde wehren, gegen seine eigenen Argumente ist er machtlos.

Offene Meinungsfragen sind etwa:

- Wie sehen Sie die Einsatzmöglichkeiten in Ihrem Betrieb?
- Was halten Sie davon?
- Wie hört sich das für Sie an?
- Welche Chancen räumen Sie einer solchen Lösung in Ihrem Betrieb ein?

Hier ein komplettes Beispiel

1. Phase – Vorteil
Ihre Reinigungskräfte werden eine Menge Zeit und damit für Sie eine Menge Geld sparen, weil …

2. Phase – Merkmal/Argumentation
Weil der Füllstand bei diesem Produkt sofort von außen zu erkennen ist und somit das Reinigungspersonal genau weiß, wann es entsprechend nachfüllen muss und wann nicht.

3. Phase – Referenzbeispiel
Die XY-Unternehmensgruppe hat dieses Modell in allen ihren Häusern in den letzten zwei Jahren eingeführt. Sie haben durch eine Vergleichsrechnung herausgefunden, dass die Reinigungskräfte acht Prozent Zeit sparen und dementsprechend mehr Fläche in gleicher Zeit reinigen können.

4. Phase – Testabschluss = Meinungsfrage

Sagen Sie, wie interessant ist das für Ihr Unternehmen, in dem Bereich auch Zeit und Geld zu sparen?

Vorteil der Meinungsfrage ist, dass der Kunde in der Regel jetzt positiv antwortet. Wenn Ihr Gesprächspartner sich nun zwei- oder dreimal positiv zu solch einer Meinungsfrage geäußert hat, ist es für ihn am Ende schwierig, eine Terminvereinbarung auszuschlagen.

Wenn Sie Meinungsfragen nutzen, wissen Sie also während des Gesprächs immer genau, wo Sie sich argumentativ gerade befinden. Haben Sie voll ins Schwarze getroffen, das heißt das Kaufmotiv des Kunden erreicht, oder ging der Schuss weit daneben und Sie müssen noch einmal gezielter argumentieren?

Haben Sie mehrere Gesprächspartner, so haben Sie die Möglichkeit, auch einmal mit der Meinungsfrage, also der vierten Phase, direkt einen der Begleiter, die bisher unbeteiligt am Gespräch teilgenommen haben, anzusprechen: „Herr Schneider, wie sehen Sie als Einkaufsleiter denn die Einsatzmöglichkeiten in Ihren Betrieben?" Jetzt muss Herr Schneider dazu Stellung beziehen. So ist es viel einfacher herauszufinden, wo sich Ihre Gesprächspartner, rein gedanklich, gerade befinden.

▶ Ganz nebenbei: Durch Testabschlüsse züchten Sie Kaufsignale!

4. Phase: Kaufsignale und Einwände des Kunden

Mit Kaufsignalen zeigt der Kunde, dass er sich für Ihr Produkt oder Ihre Dienstleistung entschieden hat. Sehr schwer sind körperliche Signale zu interpretieren. Verlassen Sie sich lieber auf Signale, die der Kunde verbal äußert. Beispiele für Kaufsignale sind:

- „Wie schnell können Sie das liefern?"
- „Ist dieses Produkt auch mit meinen bisherigen Anlagen kompatibel?"

- „Welche Zahlungsmöglichkeiten bieten Sie an?"
- „Wer ist denn zukünftig mein Ansprechpartner, wenn ich Fragen dazu habe?"
- „Ist das Lagerware?"

Bei solchen Äußerungen können Sie davon ausgehen, dass der Kunde sich für Ihr Produkt entschieden hat. Er ist schon bei Überlegungen, wie der Kauf oder der anschließende Service zu handhaben wären.

▶ Wichtigste Voraussetzung, um Kaufsignale Ihres Kunden wahrzunehmen: Sie hören ihm gut zu!

Kaufsignale bedeuten: Zeit für den Abschluss!

Nehmen Sie Kaufsignale wahr, so müssen Sie unbedingt und unmittelbar zum Abschluss überleiten. Auch wenn Sie noch nicht „alles" erklärt und noch einige Argumente in petto haben: Der Kunde hat keinen Beratungsbedarf mehr. Bringen Sie deshalb keine weiteren Fakten oder Beispiele, sondern verhandeln Sie um den Abschluss. Wenn Sie jetzt weiter beraten, laufen Sie Gefahr, dass Sie den Kunden verunsichern, langweilen oder ihn ungeduldig werden lassen. Vielleicht entscheidet er sich dann doch noch um.

Wie gehen Sie mit Einwänden in der Messekommunikation um?

Kennen Sie diese Aussagen von Kunden?

- „Brauchen wir nicht. Kein Bedarf. Das kommt für uns nicht infrage."
- „Haben wir schon. Haben wir schon von einem Wettbewerber."
- „Dafür haben wir kein Geld. Unser Budget ist schon vergeben."
- „Mit dem Thema haben wir schlechte Erfahrungen gemacht."
- „Zu teuer."

Abb. 3 Unterscheiden Sie zwischen Einwänden und Vorwänden

Mit all diesen Aussagen können Sie jederzeit auf der Messe konfrontiert werden. Lassen Sie sich davon nicht abschrecken, sondern betrachten Sie sie als Standardsituationen, die einfach zu Ihrem Job dazugehören. Profifußballer trainieren auch die ganze Woche Standardsituationen wie Freistöße, Ecken oder Doppelpässe, damit sie in der entscheidenden Situation am Spieltag routiniert mit dem Ball oder dem Gegenspieler umgehen können (Abb. 3).

Als Kommunikations-Profi auf dem Messestand befinden Sie sich in der gleichen Situation. Bereiten Sie sich also darauf vor. Im „Ernstfall" können Sie dann sicherer auftreten und erleben keine unangenehmen Überraschungen.

▶ Einwände sind die Daseinsberechtigung eines Verkäufers!

Bitte erstellen Sie eine Liste von typischen Einwänden, mit denen Sie auf der Messe rechnen, bzw. die Sie schon bei früheren Veranstaltungen gehört haben.

1. _____
2. _____
3. _____
4. _____
5. _____

Einwände und Vorwände

Einwände sind konkrete Fragen, bei denen der Kunde Bedenken hat oder die er geklärt haben möchte. Vorwände dagegen sind Schutzbehauptungen, also Ausflüchte, weil der Kunde den wahren Grund seiner Ablehnung nicht äußern möchte. In dem Wort „Vor-wand" stecken die beiden Begriffe „vor" und „Wand". Bildhaft gesprochen, argumentiert ein Verkäufer und läuft mit seinem Argument beim Besucher vor eine Wand, die dieser zu seinem Schutz aufgebaut hat. Ein Vorwand ist eine Schutzbehauptung, der eigentliche Grund verbirgt sich hinter dieser Wand.

Einwände und Vorwände können zu jedem Zeitpunkt des Gesprächs auftauchen: sowohl direkt bei der Besucheransprache als auch mitten in der Produktpräsentation. Ein Vorwand wird dabei sehr häufig bereits zu einem frühen Zeitpunkt im Gespräch geäußert. Einwände treten oft erst nach der Bedarfsermittlung auf.

Mit einem Vorwand können Sie nur schwer umgehen. Ganz offensichtlich will sich der Kunde Ihnen gegenüber nicht öffnen. Sie haben also wenig Chancen herauszufinden, aus welchen Gründen er Ihr Produkt ablehnt. Bei einem Einwand stellt sich die Situation anders dar. Hier gibt es konkrete, ungeklärte Fragen des Besuchers. Er will wissen, warum er kaufen soll. Im Gegensatz zum Vorwand besteht bei der Entkräftung eines Einwands, also der eindeutigen Klärung der Besucherfrage, eine echte Chance auf einen Auftrag.

▶   Wer Einwände bringt, ist schon interessiert.

Das Angenehme an der Messesituation ist, dass Ihre Gesprächspartner zwar wechseln, die Einwände und Ihre Antworten darauf aber immer gleich bleiben. Suchen Sie sich also aus den folgenden drei die Methode heraus, die Ihnen am besten gefällt bzw. von der Sie sich den größten Erfolg versprechen. Üben Sie die Antworten mit einem Kollegen, einem Freund oder Ihrem Partner vor der Messe. Sollten Sie dann im Messealltag mit der Methode nicht klarkommen, wechseln Sie. Bitte: Geben Sie jeder Methode erst einmal eine Chance, bevor Sie sie ablehnen!

Im Folgenden beschreibe ich Ihnen eine mehrstufige Einwandbehandlung. Unter Umständen reichen Ihnen auch nur eine oder zwei Stufen aus, um mit dem Einwand Ihres Besuchers umzugehen.

Sie befinden sich also in folgender Situation: Die Bedarfsermittlung ist schon gelaufen. Ihr Ziel ist jetzt, den Besucher zu interessieren und ihn neugierig zu machen, um einen Nach-Messe-Termin zu vereinbaren. Und dann kommt der Einwand.

Erste Stufe: Kommunikations-Judo

Das Besondere an dieser Technik ist: Sie vermeiden einen direkten Schlagabtausch. Statt zu boxen, betreiben Sie Judo. Beim Boxen werden direkte schmerzende Schläge ausgeteilt. Im Gespräch hört sich das so an:

Kunde: *„Geben Sie mir erst mal Unterlagen mit."*

Verkäufer: „Das wird Ihnen auch nicht weiterhelfen, weil Sie die dann komplett durcharbeiten müssen." Dahinter steckt ein ganz schönes Aggressionspotenzial!

Wie bei dem Kampfsport Judo ist es besser, die Kraft und Energie des Gegenübers zu verwenden und den „Faustschlag", also den Einwand an Ihrem Körper vorbeisausen zu lassen und direkt in einen Schulterwurf zu verwandeln. Das hört sich dann so an:

Ihr Besucher wendet ein: „In diesem Bereich haben wir schon einen Lieferanten."

Sie kontern: „Prima, dann haben Sie in dem Bereich ja schon Erfahrungen mit einem Profi gesammelt …"

Besucher: „Ich habe dafür jetzt keine Zeit."

Sie kontern: „Kann ich verstehen, dass Sie Ihre Zeit auf der Messe sorgfältig geplant haben …"

Besucher: „Geben Sie mir doch erst mal die Unterlagen/Kataloge/ Prospekte mit …"

Sie kontern: „Natürlich ist es richtig, dass Sie sich erst einmal mit den Unterlagen beschäftigen wollen …"

Besucher: „Sie sind zu teuer."

Sie kontern: „Natürlich ist der Preis ein entscheidender Faktor, wenn es um die Anschaffung eines XY geht …"

Im Judo sind selbst körperlich unterlegene Kämpfer in der Lage, einen übermächtigen Gegner zu besiegen. Kommunikations-Judo ist eine Art des Paraphrasierens, das Sie schon bei der Bedarfsermittlung kennen gelernt haben. Sie federn den Einwand ab und loben Ihren Gesprächspartner für seine Aussage. Damit nehmen Sie dem Gespräch den aggressiven Unterton. Das Verständnis für den Einwand macht es dem Gesprächspartner paradoxerweise leichter, seinen Widerstand aufzugeben.

▶ Ein angeknurrter Hund knurrt wider, ein geschmeichelter schmeichelt zurück. (Arthur Schopenhauer)

Zweite Stufe: Suggestive Überleitung

Jetzt geht es darum, in einer möglichst geschickten Art und Weise vom Einwand zum Kunden-Nutzen-Argument überzuleiten. Dazu bietet sich – aber auch nur hier – eine suggestiv formulierte, geschlossene Frage an:

- „Ihnen kommt es sicher darauf an, dass …"
- „Dann legen Sie bestimmt auch Wert darauf, dass …"

- „Dann werden Sie sicher den Vorteil schätzen, dass …"
- „Wichtig ist Ihnen dann sicher …"

Das bedeutet: Sie übergehen den Einwand freundlich und höflich und bringen das Thema auf den Kundennutzen.

Dritte Stufe: Kunden-Nutzen-Argumentation

Jetzt führen Sie die Gründe an, aus denen Ihr Besucher gerade bei Ihnen/Ihrem Unternehmen, Ihr Produkt/Ihre Dienstleistung kaufen soll (siehe dazu S. xxff.).

Vierte Stufe: Terminfrage

Mithilfe der alternativen Fragetechnik verabreden Sie anschließend einen Termin. Unterbreiten Sie Ihrem Besucher zwei Terminvorschläge. Dann denkt er nicht darüber nach, ob er überhaupt einen Termin will, sondern darüber, welcher von beiden ihm am besten passt.

Natürlich: Die „Masche" ist schon sehr alt. Aber sie funktioniert hervorragend. Geben Sie ihr eine Chance und machen Sie Ihre Erfahrungen damit.

Praxisbeispiel: Sie gehen zum Abendessen zu Ihrem Lieblingsitaliener. Nach dem Essen fragt Sie der Kellner mit einer geschlossenen Frage: „Möchten Sie noch etwas trinken?" Das Ergebnis – 30 % der so Gefragten bestellen noch ein Getränk.

Alternative: Der Kellner fragt offen: „Was möchten Sie noch trinken?" Das Ergebnis dieser Vorgehensweise ist in der Praxis eine Trefferquote von 30 % – das gleiche Ergebnis wie bei einer geschlossenen Frage.

Ein deutlich besseres Resultat bringt die Alternativ-Frage. Der Kellner fragt Sie: „Möchten Sie nach dem Essen noch einen Espresso, einen Cappuccino oder einen milden Grappa für den Magen?" Die Trefferquote liegt nun bei praxisbewährten 70 % Bestellungen, nur dadurch, dass der Kellner die Frage anders formuliert. Wenn Sie selbst Kinder haben, dann kennen Sie sogar noch einen Steigerungseffekt, wenn der Kellner nämlich dann am Ende fragt: „… und für den Kleinen noch ein Eis?" Als Eltern wissen Sie dann sofort, das Eis ist verkauft, es sei denn, Sie möchten einen Konflikt an Ihrem Tisch haben. Es geht jetzt nur noch darum, ob es „Räuber Hotzenplotz" oder „Pinocchio" ist, ob es drei oder vier Kugeln Eis sind.

Was hat der Kellner gemacht? Er hat direkt konkrete Lösungsvorschläge geboten. Das heißt, für den Gast stellt sich nicht mehr die Frage, *ob* er etwas trinkt oder nicht, sondern nur noch die Frage, *was* er trinkt.

Die gleiche Situation sollten Sie bei Ihrem Besucher auf dem Messestand erzeugen, wenn Sie im Laufe des Gesprächs feststellen, dass dieser Kunde ein entsprechendes Potenzial hat und es sich für Sie lohnt, einen Termin zu vereinbaren. Bieten Sie ihm zwei Termine an. Beachten Sie dabei, dass das zuletzt Genannte stärker in Erinnerung bleibt. Dies bedeutet also für die Alternativ-Frage zur Terminvereinbarung, dass der Termin, den Sie favorisieren, an die zweite Stelle gerückt wird. Der erste Termin ist mehr oder weniger nur dazu da, dass er diesen streichen kann. Gehen Sie bitte auch so vor, dass Sie den ersten Termin nur kurz ansprechen und den zweiten Termin mit einem Vorteil versehen und noch etwas ausschmücken. So ist die Wahrscheinlichkeit, dass das Zweite genommen wird, deutlich höher.

Beispiel

Herr Schneider, Sie haben natürlich noch viele weitere Fragen und benötigen noch weitere Informationen. Auf der Messe ist das immer etwas schwierig, weil wir hier nicht die entsprechende Ruhe haben. Daher macht es sicherlich mehr Sinn, einen Termin zu vereinbaren – ob jetzt bei Ihnen im Haus oder bei uns. Sagen Sie, wann passt es da bei Ihnen am besten? Ist es Ihnen lieber, dass wir das Anfang der Woche machen oder wollen wir doch lieber ans Ende der Woche gehen, beispielsweise freitags, direkt nach dem Mittagessen, wenn es bei Ihnen im Haus schon ruhiger ist und Sie das Tagwerk der Woche schon hinter sich haben?

Tipp: Die NOA®-Technik[1]

Wenn Sie die Technik mit der „Alternativ-Frage" nicht begeistert, habe ich hier noch einen „Geheimtipp" für Sie: Die NOA-Technik haben Sie wahrscheinlich schon unbewusst erlebt, wenn Sie im Einzelhandel einkaufen. Dort gehört sie zum Repertoire eines jeden guten Verkäufers. NOA wird zum Einsatz gebracht, wenn es um den Kaufabschluss oder den Zusatzverkauf geht.

NOA besteht aus einer Alternativ-Frage, in der eine der beiden Auswahlmöglichkeiten suggestiv gewichtet wird: „Nur … x … oder auch … y?" Bei der normalen Alternativ-Frage ist die Gewichtung nicht gegeben!

Durch das „Nur" am Satzbeginn wird das erste Angebot psychologisch „verkleinert". Umgekehrt wird durch das Wort „auch" das zweite Angebot „vergrößert". In der Praxis wird dann in mehr als neunzig Prozent der Fälle das zweite Angebot abgelehnt.

Der zweite Vorteil der NOA-Technik ist die Möglichkeit, dass der Kunde/Besucher „Nein" sagen kann. Ein „Nein" kommt einem Kunden deutlich leichter über die Lippen als ein „Ja, ich will …"!!! Genau diesen psychologischen Effekt nutzen Sie mit der NOA-Technik erfolgreich aus.

Verkäuferin im Schuhgeschäft: „Möchten Sie nur die schwarzen Schuhe, oder brauchen Sie auch noch Pflegemittel?"

Kunde: „Nein, Pflegemittel habe ich noch." … auf geht's zur Kasse!

---

[1] Die NOA®-Technik ist eine eingetragene Wortmarke von Dirk Kreuter.

Verkäufer im Bereich Haushaltswaren: „Möchten Sie nur den Staubsauger mit den fünf Ersatzbeuteln, die schon dabei sind, oder auch noch eine 20er-Packung Beutel dazu?"

Kundin: „Nein, die fünf reichen mir erst mal." ... auf geht's zur Kasse!

Messe-Verkäufer mit Terminwunsch: „Sollen wir jetzt nur einen Termin für die nächste Woche in Ihrem Haus vereinbaren, oder möchten Sie sich auch direkt unsere Ausstellung in Musterstadt ansehen?"

Besucher: „Nein, auf die Ausstellung lege ich keinen Wert." Verkäufer zückt seinen Terminkalender und schlägt Termine vor.

Messe-Verkäufer mit Terminwunsch: „Sollen wir nur einen Termin für die nächsten Tage vereinbaren, oder möchten Sie sich auch gleich noch unseren Gesamtkatalog mitnehmen?"

Besucher: „Nein, der ist mir jetzt viel zu schwer." Verkäufer zückt seinen Terminkalender und schlägt Termine vor.

Wichtig: Der Ton macht die Musik! Betonen Sie die Worte „nur" und „auch" nicht ausdrücklich! Legen Sie die Betonung auf Ihre beiden Angebote!

▶   Achten Sie darauf, was Sie in den zweiten Teil der NOA-Frage stellen. Dieses Angebot wird in der Regel später nicht mehr „verkäuflich" sein. Es wird in jedem Fall vom Kunden abgelehnt.

Eine Variante der NOA-Technik: Sie haben die Möglichkeit, mehrere Angebote mit nur einer NOA-Frage abzuschließen. Stellen Sie einfach mehrere Angebote vor das „oder":

Verkäuferin im Schuhgeschäft: „Möchten Sie nur die schwarzen Schuhe mit den passenden Schuhspannern, oder brauchen Sie auch noch Pflegemittel?"

*Kunde: „Nein, Pflegemittel habe ich noch." ... auf geht's zur Kasse – mit Schuhen **und** Schuhspannern!*

Verkäufer im Bereich Haushaltswaren: „Möchten Sie nur den Staubsauger mit den fünf Ersatzbeuteln, die schon dabei sind, und der Zusatzbürste für Ihre Laminatböden, oder auch noch eine 20er-Packung Beutel dazu?"

Kunde: „Nein, die fünf reichen mir erst mal." ... *auf geht's zur Kasse* – mit Staubsauger **und** Zusatzbürste!

Messe-Verkäufer mit Terminwunsch: „Sollen wir jetzt nur einen Termin für die nächste Woche in Ihrem Haus vereinbaren und Ihnen die Unterlagen schon vorab schicken, oder möchten Sie sich auch direkt unsere Ausstellung in Musterstadt ansehen?"

Besucher: „Nein, auf die Ausstellung lege ich keinen Wert."

Messe-Verkäufer mit Terminwunsch: „Sollen wir nun nur einen Termin für die nächsten Tage vereinbaren und Ihnen vorab die Muster schicken, oder möchten Sie sich auch gleich noch unseren Gesamtkatalog mitnehmen?"

Besucher: „Nein, der ist mir jetzt viel zu schwer."

Übung

Arbeiten mit der NOA-Technik

Formulieren Sie nun selbst einige Alternativfragen zur Terminvereinbarung mit der NOA-Technik:

1. _____
2. _____
3. _____
4. _____
5. _____

Mehr als drei Varianten benötigen Sie im Tagesgeschäft der Messe nicht, da Sie ja immer wieder auf unterschiedliche Gesprächspartner stoßen.

Gerade bei Besuchern, die weit ausholen oder vom Thema abschweifen oder bei Gesprächspartnern, die nicht auf den Punkt

kommen, hat sich die NOA-Technik bewährt. Wenn Sie ein Kauf-
signal wahrgenommen haben oder für Ihr Gefühl „die Zeit reif" ist,
dann probieren Sie einen Abschluss mit der NOA-Technik aus. NOA
ist hier wie eine Stricknadel, die Sie in den Kuchen im Ofen hinein-
stecken, um festzustellen, ob er fertig gebacken ist.

Sollte der Besucher noch nicht „gar", also bereit sein, einen Termin oder Abschluss zu vereinbaren, so machen Sie mit der NOA-
Frage nichts kaputt. Im Gegenteil, wenn Sie die noch offenen Fragen
des Besuchers beantwortet haben, können Sie jederzeit mit einer neu
formulierten NOA-Frage testen, ob er nun bereit ist.

Sie werden verblüfft sein, wie gut das funktioniert!

▶ Psychologen behaupten, dass schlechte Verkäufer nur deshalb so viel erzählen, weil sie Angst vor Einwänden haben,
mit denen sie möglicherweise nicht zurechtkommen.

5. Phase: Der Abschluss

Nicht immer enden Messegespräche mit einem handfesten Abschluss, in dem Sie Ihr Produkt oder Ihre Dienstleistung fest verkauft haben. Dennoch muss am Ende jedes Messegesprächs eine
verbindliche Vereinbarung stehen. Je nach Ihren vorher festgelegten
Messezielen, variiert der Inhalt dieser Vereinbarung. Meist ist aber
das Ziel, dass ein Termin mit einem Neukunden vereinbart wird, bei
dem Sie oder ein Mitarbeiter aus dem Außendienst das Produkt detailliert vorstellen. Lässt sich Ihr Besucher auf einen solchen Termin
ein, so signalisiert er ernsthaftes Interesse und es bestehen realisti-
sche Aussichten auf den Abschluss eines Geschäfts.

Wie erreichen Sie nun, dass der Interessent mit Ihnen einen solchen Termin vereinbart? Diesmal besteht die geeignete Fragetechnik
in Alternativ-Fragen. Sie fragen nicht, ob Sie den Termin bekommen. Sie fragen, wann dem Kunden der Termin passen würde: „Wäre
Ihnen der XX lieber oder der XY?".

Der Kunde fragt: „Wie schnell können Sie das Modell denn liefern?"
Sie antworten: „Wenn Sie das Modell noch im September bestellen, können wir es Ihnen Anfang Januar liefern. Wann können wir das denn im Detail besprechen? Sollen wir dazu direkt die nächste Woche nutzen oder lieber die übernächste Woche? Da würden mir gut der Montag oder der Dienstag passen."

In der Regel dürfte es jetzt kein Problem sein, einen Termin zu vereinbaren. Der Kunde signalisiert Ihnen, dass er „abschlusswillig" ist und Sie gehen prompt darauf ein.

Ist Ihr Kunde noch nicht restlos von Ihrem Angebot überzeugt, so kommt er an dieser Stelle mit einem Vorwand. Etwa, dass er noch nicht genau sagen kann, wann er Zeit hat oder dass er seinen Terminkalender nicht dabei hat. Dennoch ist es sinnvoll, hartnäckig zu bleiben. Vereinbaren Sie mit ihm einen so genannten „Bleistifttermin". Das ist ein Termin, den der Kunde jederzeit wieder absagen oder verschieben kann, wenn er doch keine Zeit hat. Selbst solche vagen Termine sind besser als keine Termine. Hat der Kunde einmal Ihren Stand verlassen, so wird es schwierig für Sie, ihn wieder zu erreichen: Die Sekretärin blockt ab, er ist unterwegs und ruft Sie nicht zurück. Können Sie sich auf das Messegespräch und auf den vereinbarten Termin beziehen, so kommen Sie leichter zu ihm durch und es besteht für ihn eine größere Verpflichtung, mit Ihnen zu sprechen. Ein Beispiel, wie die Vereinbarung eines Bleistifttermins verlaufen könnte:

Abschlussfrage des Verkäufers: „… Ende nächster Woche oder lieber Anfang der 14. KW?"

Vorwand des Besuchers: „Ich habe jetzt meinen Terminkalender nicht dabei."

Antwort des Verkäufers: „Herr Kunde, lassen Sie uns doch einfach einen Bleistifttermin vereinbaren. Ich trage mir jetzt einen Termin ein, der bei mir passen würde, den ich Ihnen dann direkt nach der Messe per Fax bestätige. Sollte Ihnen der Termin nicht zusagen, so haben Sie immer noch die Möglichkeit, eine Alternative zu vereinbaren. Wann wäre denn ein günstiger Tag für Sie? Wie sieht es denn mit dem Freitag in der 13. KW aus?"

6. Phase: Verabschiedung und Kaufbestätigung

Die Verabschiedung ist eine letzte Möglichkeit, beim Kunden in guter Erinnerung zu bleiben. Lassen Sie ihn nicht einfach gehen, sondern begleiten Sie ihn bis an die Grenze Ihres Standes. Bedanken Sie sich für das Gespräch, geben Sie ihm die Hand, sprechen Sie ihn noch einmal mit seinem vollen Namen an. Wünschen Sie ihm einen schönen Tag auf der Messe oder einen guten Heimweg.

Bestätigen Sie ihn auch noch ein letztes Mal in seinem Interesse beziehungsweise in seinem Kaufentschluss. Oft überkommt den Kunden auf dem Heimweg Reue über den soeben abgeschlossenen Kauf. Plötzlich zweifelt man daran, ob sich die Investition wirklich lohnt oder der Konkurrent nicht doch das günstigere oder bessere Angebot gehabt hätte. Deshalb ist es wichtig, dem Kunden noch einmal ein positives Gefühl mit auf den Weg zu geben, damit er sich über seine Entscheidung freut und sie nicht bereut.

Vielleicht kennen Sie das Gefühl der Kaufreue auch. Beispielsweise, wenn Sie einen Neuwagen bestellen, der eine längere Lieferzeit hat. Da kommt dann mancher Zweifel an der Entscheidung: Musste es dieses Modell sein, diese Sonderausstattung, dieser Motor, diese Felgen …?!

Was können Sie tun, um Ihrem Kunden die Kaufreue nach einem Auftrag oder nach einer Terminvereinbarung zu nehmen?

Damit Sie den psychologischen Aspekt, der hinter einer Kaufbestätigung steckt, besser verstehen, hier ein Beispiel aus einer anderen Branche, das nichts mit Messe zu tun hat: Ich trainiere einen Verband von Raumausstattern. Wenn sich ein Kunde entschließt, sein Wohnzimmer zu renovieren, dann ist er schnell, je nach Ausstattung, bei einem größeren, vierstelligen Euro-Betrag. Nun dauert es in der Regel von der Bestellung, der Auftragserteilung bis zur Montage der ausgesuchten Ware etwa vier Wochen. Das heißt, die Ware muss beim Hersteller bestellt werden, wird zugeschnitten, genäht und dann entsprechend beim Kunden montiert. In diesen vier Wochen zweifelt der Kunde häufig an seiner Entscheidung. Denn es ist viel Geld und die Dekoration, die er bisher hatte, gefiel ihm ja auch gut. Darum haben wir dieser Branche empfohlen, nachdem die neue Dekoration montiert ist, den Kunden zu fragen, ob es wohl möglich sei, ein oder zwei Fotos von seiner neuen Dekoration machen zu können. Diese Fotos sind nur für den internen Gebrauch, das heißt, es gibt im Betrieb eine Mappe von den schönsten und kreativsten Dekorationen, in die diese Fotos eingeklebt werden.

Welches Gefühl wird dem Kunden mit der Frage nach dem Fotowunsch gegeben? Spüren Sie diesen Effekt in Ihrem Bauch? Wie wird der Kunde später seine Dekoration seinem Umfeld, seinen Nachbarn, den Freunden usw. präsentieren? Wird er auf diese Kaufentscheidung stolz sein? Oder wird er daran zweifeln?

Was können Sie tun, um ein solches „Foto" von Ihrem Produkt oder Ihrer Dienstleistung zu machen? Und das auch noch auf dem Messestand?

Mit einer Softwarefirma haben wir in einem Messeprojekt Folgendes entwickelt: Nach der Terminvereinbarung mit dem Kunden, der sich für eine Warenwirtschaftssoftware interessiert, wird dieser bei der Verabschiedung gefragt, ob er bereit wäre, wenn man später ins Geschäft käme, etwa drei bis sechs Monate nach Einführung der neuen Software ein Interview für entsprechende Fachmagazine oder die eigene Hauszeitschrift zu geben und darüber zu berichten, welche Erfahrungen er denn mit der Software bzw. mit dem Einführungsprozess gemacht habe.

Das Besondere bei dieser Vorgehensweise ist, dass sich der Verkäufer seiner Sache sicher sein muss. Und er signalisiert dem Kunden damit, „das Produkt, das mir hier angeboten wird, scheint wirklich gut zu sein, sonst würde der Verkäufer sich nicht trauen, diese Frage zu stellen".

Jeder, der schon einmal ein neues Warenwirtschaftsprogramm eingeführt hat, weiß, dass dies in der Einführungsphase hinten und vorne nicht funktioniert. Nichts ist mehr wie früher. Es ist natürlich auch bei diesem Unternehmen so. Doch alleine die Frage danach, ob er bereit wäre, als Kunde dieses Interview zu geben, signalisiert dem Kunden „Hier bist Du richtig".

Was können Sie tun? Der Anwenderbericht – auch eine Lösung für Sie? Wenn Ihnen hier nichts Kreatives einfällt, so können Sie zumindest die zukunftsweisende Methode nutzen. Schauen Sie mit dem Kunden einmal in die gemeinsame Zukunft. Wenn das Projekt läuft, wenn er den Kauf abgeschlossen hat, wenn der Termin erfolgreich beendet ist.

Die zukunftsweisende Methode besteht aus drei Phasen: 1. Wenn, 2. wenn, 3. … dann werden Sie …

- 1. Phase: Wenn
  - Herr Schneider, wenn wir uns in drei Monaten noch einmal darüber unterhalten …
  - Herr Schneider, wenn wir uns in einem Jahr wiedersehen und über dieses Projekt noch einmal sprechen, …
  - Herr Schneider, wenn Sie in einem Jahr noch einmal Bilanz ziehen und unter dem Strich vergleichen, …
- 2. Phase: Wenn
  - Wenn Sie dann sehen, wie gut das in der Praxis bei Ihnen funktioniert, …
  - Wenn Sie sehen, wie viel Geld Sie eingespart haben, …
  - Wenn Sie sehen, wie sich die Laufzeiten Ihrer Maschinen entsprechend verlängert haben, …
  - Wenn Sie sehen, wie Sie entsprechend Müll vermieden und damit Kosten gespart haben, …
- 3. Phase: dann werden Sie
  - Dann werden Sie sagen: „Das hätten wir schon viel früher machen sollen.“
  - Dann werden Sie sagen: „Das war, rückblickend gesehen, die richtige Entscheidung.“
  - Dann werden Sie sagen: „Wir hätten das schon vor Jahren machen sollen.“
  - Dann werden Sie sagen: „Warum hat mir das keiner vorher gesagt?“

Warten Sie es ab! Dies können Sie dann auch ruhig mit einem kleinen Augenzwinkern tun. Entscheidend ist, dass Sie signalisieren:

Der Kunde hat die richtige Entscheidung getroffen, mit Ihnen einen Termin zu vereinbaren oder mit Ihnen einen Geschäftsabschluss zu tätigen.

Der Messebericht

Sie haben Ihren Kunden verabschiedet und vielleicht wartet bereits der nächste Kunde. Dennoch ist es wichtig, dass Sie sich noch kurz die Zeit nehmen, die Ergebnisse des Gesprächs zu protokollieren. Dafür füllen Sie den so genannten „Messebericht" aus. Anhand dieses Papiers können Sie später den Wert des Kunden und des Geschäfts bemessen und erkennen, ob Sie Ihre Ziele für die Messe erreicht haben oder nicht. Verzichten Sie auf dieses kurze Protokoll, so werden Sie am Abend des Tages oder am Ende der Messe nicht mehr nachvollziehen können, mit wem Sie welches Geschäft vereinbart haben.

Bei dem Messebericht handelt es sich in der Regel um ein DIN-A5-großes Formular, auf dem Sie alle Stammdaten des Besuchers eintragen. Im Idealfall heften Sie die Visitenkarte des Besuchers in ein dafür vorgesehenes Feld.

▶   Ein Praxistipp: Befestigen Sie die Visitenkarten nicht mit einem Tacker, sondern mit dafür vorgesehenen doppelseitigen Klebebändern, die schon im Vorfeld auf dem Formular befestigt werden. So müssen Sie nur noch die andere Seite des Klebestreifens entfernen und können die Visitenkarte aufheften. Sie ersparen sich so die ständige Suche nach Ihrem Tacker.

Auf dem Messebericht halten Sie alle Ergebnisse und Erkenntnisse des Gesprächs fest. Am besten sind bereits Vorgaben auf dem Messebericht, die Sie nur noch ankreuzen müssen. Sie haben ja meist nur wenige Sekunden Zeit, dieses Blatt zu vervollständigen.

Nur korrekt ausgefüllte Messebericht ermöglichen Ihrem Unternehmen ein exaktes Messecontrolling. Aufgrund des Messeberichts können Sie täglich kontrollieren,

- an welchen Tagen welche Entscheidungsträger aus welchen Ländern oder Regionen und Unternehmen an Ihrem Stand waren,
- welche Produkte für den Besucher interessant waren,
- welche Vereinbarungen getroffen wurden.Waren mehrere Mitarbeiter Ihres Unternehmens an einem Messegespräch beteiligt, so füllt meist der Mitarbeiter den Messebericht aus, der den Kunden zum Schluss verabschiedet (Abb. 4).

Bestätigung des Gesprächs für den Kunden

Jedes Messegespräch wird im Idealfall dem Kunden direkt vom Messestand oder aber vom Hotel aus per Brief, Fax oder E-Mail bestätigt. Diese Bestätigung kann beispielsweise folgenden Inhalt haben:

Muster einer Faxbestätigung

„Sehr geehrter Herr Kunde, vielen Dank für Ihren Besuch auf unserem Messestand. Über das anregende und informative Gespräch mit Ihnen haben wir uns sehr gefreut.

Gerne bestätigen wir Ihnen den vereinbarten Besuchstermin unseres Außendienstmitarbeiters Herrn Müller für den 16. September um 10.00 Uhr in Ihrem Haus.

Es geht um folgende Punkte:
1. Ihre Einsparmöglichkeiten im Bereich x
2. Optimale Sicherheitslösungen für den Bereich y
3. Wie Sie Ihre Prozesse mit z optimieren können
Nähere Informationen finden Sie auch im Internet unter www.…..de.

Besuchsbericht CeBIT

Mitarbeiter: ☐☐☐☐ Datum: _____		Broschüren zusenden ☐ Broschüren erfassen ☐ Keine Broschüren		
		Mobilfunk		
Anschrift (Visitenkarte hier)	☐ Mobilfunk	☐ **Genion** home	☐ WAP/MessageService	
_____	☐ < 50 MA	☐ **Genion** home profi	☐ GPRS IP-VPN	
_____	☐ ab 50 MA	☐ **Genion** city	☐ GPRS	
_____		☐ **Genion** city profi	☐ UMTS	
_____		☐ **Genion** Duo		
_____				
		Momentaner Mobilfunkanbieter		
(bitte auch E-Mail-Adresse aufnehmen!)		☐ D1	Wie viele Karten sind in Planung?	
Vertriebspartner:		☐ D2		
☐ **Mobilfunk-Handel privat** ☐ **Shop**		☐ E-Plus	_____	
☐ **Mobilfunk-Handel Business** ☐ VI-Shop VIP		☐ Sonstiges: _____	Wann läuft der Vertrag mit dem	
☐ Lösungspartner ☐ VI-Shop			momentanen Partner aus?	
☐ Lösungspartner II ☐ anderer TK-Shop				
☐ branchenfremd			_____	
Anzahl Standorte: ___ national ___ international		Ladenlokal		
Anzahl Mitarbeiter: _____ (gesamt)		Wo befindet sich das Ladenlokal?		
☐ Termin gewünscht ☐ Rückruf gewünscht		_____		
☐ Kontakt mit VI- ☐ möchte Vertriebs-		Bemerkungen:		
Vertriebspartner gewünscht partner werden				
☐ Interesse an VI-Partnershop				
☐ Weiterleiten an: _____				

Abb. 4 So kann ein Messebericht aussehen

Bei Rückfragen steht Ihnen Herr Müller unter seiner Durchwahl -123 jederzeit gerne zur Verfügung.

Auf eine gute Zusammenarbeit freuen wir uns und verbleiben für heute mit freundlichen Grüßen …"

Auch wenn Sie keinen Termin vereinbart haben, sollten Sie ein Fax an den Kunden schicken. Dabei bedanken Sie sich noch einmal für den Besuch und das angenehme Gespräch und signalisieren Ihre Bereitschaft, zukünftig gern mit dem Besucher in eine Geschäftsverbindung zu treten.

▶ In der Praxis hat sich das Fax als das beste Instrument erwiesen. Eine Ausnahme bilden Branchen wie IT oder Telekommunikation. Hier laufen Faxe in der Regel nicht mehr als Papier aus dem Faxgerät oder dem Drucker heraus, sondern landen als umgewandelte E-Mail im Postfach Ihres Gesprächspartners. In diesem Fall macht es keinen Sinn mehr, mit dem Fax zu arbeiten, sondern Sie sollten auf E-Mail umstellen.

Es mag Ihnen als ein unangemessen hoher Aufwand erscheinen, jedes Gespräch auf dem Messestand mit einem Fax zu bestätigen. Doch versetzen Sie sich einmal in die Lage Ihres Kunden. Er hat etliche Messegespräche geführt und viele Informationen bekommen. Wenn er dann Ihr Fax auf seinem Schreibtisch vorfindet, erinnert er sich sofort wieder an Sie und hat Ihre Informationen präsent. Außerdem ist dieser Service immer noch nicht allzu sehr verbreitet. Sie können sich dadurch wirklich von Ihren Mitbewerbern unterscheiden. Und sollten diese ebenfalls ein Fax senden, ist es umso wichtiger, dass auch Ihr Angebot als Fax vorliegt.

Überlegen Sie, welchen Eindruck es auf Sie machen würde, wenn Sie ein freundliches Fax vorfänden. Sicherlich wären Sie vom prompten Service beeindruckt.

In der Praxis werden je nach Anzahl der Messeberichte meist ein oder zwei Mitarbeiter damit beauftragt, abends im Hotel mithilfe ihres Notebooks und eines PC-Modems die Bestätigungsfaxe zu versenden. Ein Formbrief wurde bereits im Vorfeld erstellt und die Unterschriften der entsprechenden Mitarbeiter wurden bereits eingescannt. So hält sich der Aufwand für das Messe-Team in Grenzen.

Die Messeberichte werden anschließend kopiert und die Kopien an die verantwortlichen Außendienstmitarbeiter als Erinnerung weitergereicht. Die Originale verbleiben für die Auswertung im Messecontrolling bei der Messeorganisation im Unternehmen.

Fallbeispiel

Unser besagtes Unternehmen, das mit seiner Software auf der CEBIT neue Kunden akquirieren wollte, hatte im Vorfeld 280 Termine vereinbart. Nach einer Messewoche hatte die Standmannschaft 497

Abb. 5 Lässiges
Herumstehen am Mes-
sestand wirkt desinter-
essiert und abweisend

Messeberichte geschrieben. Alle Gespräche wurden per Fax bestätigt. Aus diesen knapp 500 qualifizierten Kundengesprächen entstanden etwa 300 fest vereinbarte Termine, was eine hervorragende
Abschlussquote ist. Nur wenn das Standteam im Vorfeld die Messegespräche trainiert wurde und mit klaren Zielvorgaben auf die Messe
geht, ist eine derart hohe Abschlussquote möglich.

Körpersprache

Das Thema „Körpersprache im Verkauf" wird von vielen deutlich
überschätzt. Nur wenige Menschen können körpersprachliche Signale wirklich so deuten, wie sie vom Gesprächspartner gemeint sind.
Ehe Sie die Körperhaltung Ihrer Besucher (falsch) interpretieren,
empfehle ich Ihnen, in Ihrer eigenen Körpersprache einige typische
Haltungen zu vermeiden, die beim Gesprächspartner erfahrungsgemäß nicht gut ankommen (siehe Abb. 5).

• Verschränkte Arme vor dem Körper: Damit signalisieren Sie dem
  Besucher: „Sprich mich ja nicht an! Ich will meine Ruhe haben!"

- Beide Hände in den Hosentaschen: Auch damit geben Sie dem Besucher nicht unbedingt zu verstehen, dass Sie sich sehr auf ein Gespräch mit ihm freuen.
- Verschränkte Arme auf dem Rücken: Diese Haltung erinnert eher an den Kasernenplatz.
- Herabhängende Arme mit gefalteten Händen vor dem Körper: Diese Haltung gehört eher in den sonntäglichen Gottesdienst.

Wohin also mit Ihren Händen? Irgendwo müssen Sie sie ja „verstauen". In Ordnung sind folgende Körperhaltungen:

- Eine Hand in der Hosentasche: Das ist eine Lösung für Männer, die einen Anzug mit Sakko tragen. Es sieht lässig, aber nicht lustlos aus.
- Einen Prospekt Ihres Unternehmens in der Hand halten: Das ist die beste Lösung. Achten Sie aber darauf, dass Sie nicht damit spielen, ihn also nicht rollen, knicken oder einzelne Seiten falten. Das macht den Eindruck, als sei Ihnen langweilig und derProspekt nicht besonders viel wert. Halten Sie ihn einfach fest. So sind Ihre Hände im neutralen Bereich, also vor dem Körper und damit für den Besucher offen zu sehen. Sie dagegen haben etwas in der Hand und fühlen sich nicht „unbeholfen".

▶ Nehmen Sie nie einen Kugelschreiber in die Hand. Er verleitet dazu, dass Sie damit während des ganzen Gesprächs herumfuchteln. Er wirkt dann wie ein verlängerter Zeigefinger. Außerdem kann er ärgerliche Flecken hinterlassen. Lassen Sie ihn lieber in der Innenseite Ihres Sakkos oder Ihrer Jacke stecken und holen sie ihn nur dann hervor, wenn Sie tatsächlich etwas notieren möchten.

Methoden und Instrumente zur erfolgreichen Messeakquise

Die Messe ist die höchste Konzentration von Angebot und Nachfrage, auf engstem Raum und in kürzester Zeit. Sie ist ein Spiegelbild des Marktes. Hier treffen sich Anbieter und Nachfrager. Die Frage ist: Wie können Sie als Aussteller auch ruhige Zeiten effektiv nutzen oder als Besucher ohne eigenen Stand auf Messen akquirieren?

Die Antwort heißt Messeakquise. Hier warten Sie nicht, dass Interessenten auf Ihren Stand kommen, sondern gehen als Verkäufer aktiv auf fremde Stände und akquirieren dort. Sie können Kontakte herstellen, diese qualifizieren, das Potenzial ermitteln und auf Ihr Produkt/Ihre Dienstleistung aufmerksam machen bzw. die Neugier des Gesprächspartners wecken. Ihr Ziel ist es in der Regel, einen qualifizierten Termin zu vereinbaren.

Ansprache des potenziellen Neukunden auf der Messe

Zunächst einmal ist es wichtig, sich eine Messe auszusuchen, bei der Ihre Kundenzielgruppe mit einem Stand vertreten ist. Das kann sowohl eine regionale als auch eine internationale Messe sein, in jedem Fall ist es eine Fach- bzw. Branchenmesse.

Es gibt zwei Varianten, wie Sie am besten vorgehen, um den Messebesuch effektiv zu nutzen:

D. Kreuter, *Erfolgreich akquirieren auf Messen,*
DOI 10.1007/978-3-658-02988-3_7, © Springer Fachmedien Wiesbaden 2014

1. **Der Kaltbesuch:** Bevor Sie auf die Messe gehen, besorgen Sie sich das Ausstellerverzeichnis. Sie bekommen etwa zwei Wochen vor der Messe einen Messekatalog, der mindestens in Printform vorliegt. Bei professionellen, großen Messen, wie z. B. der CeBIT, erhalten Sie eine CD oder DVD mit dem Verzeichnis. Viele Fachmessen bieten zudem im Internet ein Ausstellerverzeichnis an. Sie sehen also schon vorher, wer auf der Messe ausstellt. Anhand des Messeplans können Sie sich vormerken, welche Stände Sie besuchen wollen.

2. **Terminvereinbarungen vor Messebeginn:** Sie verabreden sich mit dem Verantwortlichen zum persönlichen Kennenlerngespräch auf dem Messestand. Diesen Termin bekommen Sie im Vergleich zu einem Inhouse-Termin relativ einfach, da der Aufwand für Ihren potenziellen Neukunden sehr gering ist – er ist ja ohnehin vor Ort.

Wann ist der richtige Messetag für den Messebesuch?

Wenn Sie am ersten oder zweiten Messetag auf die Stände Ihrer potenziellen Neukunden gehen, sind die Aussteller hoch motiviert, richtig gut gelaunt und sehr auskunftsfreudig. Bitte gehen Sie nicht an den Stoßtagen auf fremde Stände. Auf der Homepage des AUMA (www.auma.de) können Sie sehen, bei welcher Messe, an welchem Tag, wie viele Besucher in der Vergangenheit gekommen sind. So wissen Sie, welche Tage Sie besser meiden sollten.

Wann ist der ideale Zeitpunkt, um auf einen Stand zu gehen?

Das hängt davon ab, wie voll der Stand ist. In der ersten bzw. letzten Stunde eines Messetages ist die Wahrscheinlichkeit, ein längeres Gespräch mit dem Verantwortlichen zu führen, größer als in den Stoßzeiten. Unprofessionelle Aussteller nehmen sich viel Zeit, da sie ihre Messeziele nicht vor Augen haben und nicht genau wissen, warum sie eigentlich da sind. Gerade Außendienstmitarbeiter haben eine gewisse Hemmschwelle, Neukunden zu akquirieren, und beschäftigen sich lieber mit sich selbst, mit Stammkundschaft oder anderen Dienstleistern. Denn in dieser Zeit müssen sie keinen Neukunden ansprechen und nicht selbst akquirieren.

Gesprächsablauf auf der Messe

Es ist nicht entscheidend, ob Ihr Ansprechpartner, z. B. Personalleiter, Fuhrparkleiter oder Logistikleiter, auf dem Stand ist oder gerade Zeit für Sie hat. Mit folgender Methode gelangen Sie zu einer qualifizierten Bedarfsermittlung und steigen auf einem wesentlich höheren Niveau als bei der „normalen" Kaltakquise in das Gespräch mit dem Entscheider ein:

Sie betreten den Messestand und stellen sich vor:

Aussteller: „Schönen guten Tag, was kann ich für Sie tun?"

Anbieter: „Ich bin Peter Meier vom Unternehmen Müller & Co. Ich suche Ihren Ansprechpartner für den Bereich XY. Wer ist bei Ihnen dafür verantwortlich?"

Aussteller: „Das macht bei uns die Frau Schneider von der Abteilung XY".

Anbieter: „Wo finde ich Frau Schneider auf dem Stand?"

Aussteller: „Frau Schneider ist nicht da. Sie ist nicht mit auf die Messe gekommen."

Anbieter: „Haben Sie für mich eine Visitenkarte oder zumindest eine Durchwahlnummer von Frau Schneider, so dass ich sie noch einmal nach der Messe kontaktieren kann?"

Nun gibt der Aussteller Ihnen oftmals die Visitenkarte Ihres gewünschten Ansprechpartners. Dadurch haben Sie alle Daten der Firma und können in die Bedarfsermittlung gehen. Sie können außerdem die komplette Potenzialanalyse durchführen, da die Mitarbeiter auf dem Stand auch alle Einzelheiten des Unternehmens kennen und Ihnen z. B. sagen können, wie viele Mitarbeiter im Vertrieb beschäftigt sind.

Bekommen Sie keine Visitenkarte Ihres Ansprechpartners, so erhalten Sie meist alternativ die Telefonnummer. Das reicht auch fürs erste. Neben der Visitenkarte oder den Kontaktdaten Ihrer Zielperson ist die Visitenkarte Ihres Gesprächspartners entscheidend.

Nach dem Tausch der Visitenkarten verlassen Sie den Stand. Wichtig: Sollten Sie keine Visitenkarte des Gesprächspartners haben, müssen Sie sich in jedem Fall notieren, mit wem Sie gesprochen haben, um sich später auf das Gespräch beziehen zu können. Die gesammelten Informationen halten Sie dann beim Verlassen des Stands auf Ihrem Diktiergerät oder mithilfe der Diktierfunktion Ihres Smartphones fest und gehen zum nächsten Stand weiter.

Gesprächsablauf mit dem Ansprechpartner nach der Messe

Wenn Sie nach der Messe wieder im Büro sind, rufen Sie den ermittelten Ansprechpartner an. Sie haben schließlich seine Durchwahlnummer und einen Referenzgeber – eine Empfehlung. Um nun an einer eventuellen Sekretärin vorbei zu kommen, beziehen Sie sich auf den Referenzgeber und Ihren Besuch auf dem Messestand der Firma:

> Herr Müller bat darum, nach der Messe auf jeden Fall bei Frau Schneider anzurufen, da dies das Thema von Frau Schneider ist. Sind Sie so gut und stellen mich einmal zu Frau Schneider durch?!

Wenn Sie nun zu Frau Schneider durchgestellt werden, sagen Sie ihr, dass Sie auf der Messe waren und mit wem Sie sich dort unterhalten haben. Sagen Sie ihr, dass Herr Müller Ihnen sehr ausführlich berichtet hat, wie sie in dem und dem Bereich arbeiten. Dabei machen Sie ihr klar, welche Vorzüge Ihr Produkt oder Ihre Dienstleistung hat.

Sie kommen also auf Grund der Empfehlung, besitzen wichtige Informationen und können ein wesentlich qualifizierteres Akquisegespräch führen. Gleichzeitig können Sie sich, für den Fall, dass Frau Schneider fragt, warum Sie sie anrufen, auf den Referenzgeber beziehen.

Zusammenfassung

Überlegen Sie sich vorher, wen Sie erreichen wollen. Dann gehen Sie auf den Stand, wobei es egal ist, ob der Ansprechpartner da ist oder nicht. Wenn er nicht da ist oder keine Zeit für Sie hat, läuft das oben Beschriebene ab. Sollte er da sein und auch Zeit haben, dann führen Sie das eigentliche Gespräch – statt am Telefon direkt auf dem Stand. Hier muss es Ihr Ziel sein, einen so genannten Bleistifttermin zu vereinbaren, auch wenn dieser vier Wochen nach der Messe liegt. Denn es ist wesentlich leichter, einen Termin zu verschieben, als später noch einmal einen Termin zu bekommen.

Sie können das Gespräch in Ihre gewünschte Richtung lenken, indem Sie Redewendungen verwenden, die die Vorzüge eines Termins nach der Messe aufzeigen:

* „Sie haben jetzt hier auf dem Stand natürlich ganz andere Aufgaben."
* „Sie möchten ja auch neue Kunden akquirieren oder wollen für Ihre Bestandskunden da sein. Deswegen macht es ja im Moment wenig Sinn, jetzt ins Detail zu gehen."
* „Lassen Sie uns doch Folgendes machen: Wir vereinbaren einen Termin für nach der Messe und unterhalten uns dann in Ruhe. Anschließend komme ich gerne einmal zu Ihnen ins Haus. Dann können wir das wirklich Punkt für Punkt detailliert durchsprechen. Ist nur die Frage, wann das bei Ihnen am besten passt."

So kommen Sie sicher an den Termin!

▶ Messebesuche sind ein klassisches Kaltakquise-Instrument und gehören zu den effizientesten Methoden der Kaltakquise. Der Vorteil gegenüber dem Kaltanruf oder Kaltbesuch ist, dass Sie eine Riesenschlagzahl drehen können und gleichzeitig eine höhere Qualität haben als beispielsweise am Telefon. Sie können auch längst nicht so schnell abgewiesen werden wie bei einem Kaltanruf durch den Pförtner oder die Telefonzentrale.

Wie bereiten Sie die erhaltenen Messedaten nach?

Schicken Sie Ihrem Gesprächspartner ein Dankeschön-Fax oder eine E-Mail mit einer kurzen Bestätigung:

Danke für Ihre Auskünfte. Ich werde mich auf jeden Fall nach der Messe bei Frau Schneider melden. Schöne Grüße …

Wenn Sie gleich auf der Messe ein Gespräch mit Ihrem Entscheider hatten, dann bestätigen Sie spätestens am nächsten Tag schriftlich Ihren vereinbarten Termin.

Es gilt die Nacharbeit unmittelbar nach der Messe anzugehen. Sie können nicht vier Wochen nach der Messe anrufen und sich auf ein Gespräch auf der Messe beziehen. Die Messe sollte aber zu Ende sein.

Planen Sie nach der Formel eins zu drei: Für einen intensiven Akquisetag auf der Messe benötigen Sie drei Tage schriftliche und telefonische Nacharbeit. Dies wird meist unterschätzt!

Tipps zur Messeakquise

1. Gehen Sie zu zweit auf die Messe! Es macht viel mehr Spaß. Wenn Sie ein paar Negativerlebnisse hatten, können Sie sich gegenseitig aufbauen, die Lernkurve ist viel höher und Sie können sich gegebenenfalls von Stand zu Stand abwechseln.

2. Nutzen Sie den Tag und führen Sie möglichst viele Gespräche.
3. Ein Diktiergerät oder die Diktierfunktion Ihres Smartphones ist ratsam und spart viel Zeit vor Ort, die Sie in Gespräche investieren sollten.
4. Nehmen Sie immer genügend Visitenkarten und einen kleinen Block und Stift mit, damit Sie sich Notizen machen können, wenn Ihr Gegenüber Ihnen Daten nennt.
5. Eine Umhängetasche ist zu empfehlen und sorgt für freie Hände.
6. Kontrollieren Sie Ihre eigene Einstellung – eine Messe ist ein Marktplatz, auf dem sich Angebot und Nachfrage treffen. Hier haben Sie auch etwas zu sagen. Seien Sie selbstsicher, wenn Sie an einen Stand gehen und akquirieren.
7. Sie sollten die Fragetechniken beherrschen und offene Fragen stellen, auch die Gesprächstechnik des Paraphrasierens sollten Sie beherrschen.
8. Nutzen Sie die Einwandbehandlung, wenn es um Terminvereinbarung geht oder Ihr Gesprächspartner Ihnen sagt:
   - das haben wir schon,
   - damit haben wir schlechte Erfahrungen gemacht,
   - das machen wir selbst …
9. Passen Sie Ihre Kleidung an – wenn Sie etwas verkaufen wollen, erscheinen Sie bitte auch in Business-Kleidung.
10. Flyer und Prospekte gehen unter und verursachen nur Haltungsschäden. Es reicht, wenn Sie Ihre Visitenkarte abgeben, alles andere ergibt sich später.

Für alle Fälle – Tipps aus der Praxis

Sie können das meiste planen, organisieren und sich und Ihr Team gut auf die Messe vorbereiten. Manchmal vergisst man dabei aber Dinge, die erst in der Praxis relevant werden. In diesem Kapitel finden Sie deshalb bewährte Tipps aus der Praxis, die Ihnen den „Alltag" auf der Messe erleichtern können.

Gesprächskosten

Das schwierigste und doch das wichtigste auf der Messe ist, sich ganz auf das Messeziel zu konzentrieren. Und das bedeutet im Zweifel, sich ganz auf die Akquisition von Neukunden zu konzentrieren. Das fällt Ihnen vielleicht leichter, wenn Sie im Auge behalten, wie viel Geld Ihr Unternehmen in dieses Gespräch investiert.

In meinen Seminaren lasse ich die Teilnehmer gerne schätzen, mit wie viel Euro sie ein Messegespräch veranschlagen würden. Wie viel „kostet" ein Gespräch mit einem Besucher auf dem Messestand, ungeachtet dessen, ob es qualifiziert ist oder nicht? Was meinen Sie?

Die Schätzungen bewegen sich meist zwischen 25 und 100 €. Das ist aber in der Regel zu niedrig gegriffen. Die Kosten für ein Gespräch ergeben sich aus den Gesamtkosten. Dazu gehört, wie in der Checkliste auf Seite xx aufgeführt, der ganze Aufbau des Standes ebenso wie die Anfertigung von Exponaten, ihr Transport, die

D. Kreuter, *Erfolgreich akquirieren auf Messen,*
DOI 10.1007/978-3-658-02988-3_8, © Springer Fachmedien Wiesbaden 2014

Versicherungen, die Reisekosten für das Standteam, das Messetraining vor der Messe, das Mailing an die Kunden, die gesamte Nacharbeit usw. Diese Summe wird durch die Anzahl der Messeberichte geteilt. Daraus können Sie den „Preis" eines Gesprächs errechnen.

Die Zahlen, die ich kenne oder die auf Grund von unabhängigen Untersuchungen entstanden sind, liegen zwischen 200 und 300 € pro Gespräch bei Konsumgütermessen und durchschnittlich bei 750 € pro Gespräch bei Investitionsgütermessen. Dort können Sie aber auch deutlich höher liegen. Bei unserem Beispiel, der Lufthansatochter LEOS, kostete ein Gespräch etwa 2.600 €.

Die Kosten für ein Messegespräch lassen sich bereits im Vorfeld der Messe prognostizieren. Sie sollten diese Kosten jeder Person im Standteam, möglicherweise sogar jedem Mitarbeiter im Unternehmen bewusst machen. Dadurch veranschaulichen Sie, dass die Messe keine Incentive-Veranstaltung ist, sondern viel Geld kostet, das irgendwie wieder hereinkommen muss. Dieses Wissen kann anspornen, die Sache wirklich ernst zu nehmen.

Auswahl der geeignetsten Mitarbeiter

Trotz dieser Kosten nehmen die Geschäftsleitungen vieler Unternehmen an, es würde ihre Mitarbeiter motivieren, wenn sie einmal ein paar Tage auf einer Messe verbringen dürfen. Das ist in der Regel ein Trugschluss. Messearbeit ist Knochenarbeit. Sie ist anstrengend und macht keineswegs jedem Spaß. Nicht die Messe motiviert die Mitarbeiter, sondern die Mitarbeiter müssen für die Messe motiviert sein. Deshalb sollten Sie sich vorher genau überlegen, wen Sie auf die Messe schicken.

Ist Ihr Messeziel die Neukunden-Akquise, so sollten Sie überdenken, ob es Sinn macht, Ihre komplette Außendienstmannschaft mit auf die Messe zu nehmen. Außendienstler gehen meist – wie alle anderen Menschen auch – den Weg des geringsten Widerstands, das heißt, sie suchen sich die leichteste Lösung. Die besteht für sie auf der Messe im Stammkunden. Mit ihm lässt es sich schon mal gut und gerne ein bis zwei Stunden „über alte Zeiten" plaudern. Dafür ist die Messe allerdings zu teuer. Deshalb sollten Sie überlegen, wer sich in Ihrem Unternehmen für die Neukunden-Akquisition eignet oder darauf spezialisiert ist. Nehmen Sie nur solche Mitarbeiter mit, von denen Sie überzeugt sind, dass Sie Ihre Kosten wieder erwirtschaften.

Es lohnt sich hier einmal etwas auszuprobieren: Eine hohe Eigenmotivation, sowie eine ausgeprägte Kommunikationsbereitschaft zeichnet einen guten Messekontakter aus. Aus diesem Grund habe ich Unternehmen erlebt, die selbst Auszubildende mit auf die Messe genommen haben, die dann die Besucher ansprechen, die erste Bedarfsermittlung durchführen und danach an den Fachkollegen oder Gebietsverantwortlichen weiterleiten. Bei dem Messeziel der Neukundengewinnung ist das eine echte Erfolgsvariante! Vielleicht auch etwas für Ihr Unternehmen?

Teambuilding versus Messekosten

Liegt das Unternehmen nicht weit von dem Ort entfernt, an dem die Messe stattfindet, werden immer wieder die beliebten Ausflüge der gesamten Belegschaft zum Messestand des Unternehmens organisiert. Damit der Innendienst auch gleich erfährt, was auf dem Messestand passiert. Das fördert dann angeblich das allgemeine „Wir-Gefühl". Was abends, abseits des Messerummels eine nette Veranstaltung sein kann, stört im täglichen Messeablauf aber erheblich das Geschehen. Die Messegespräche sind viel zu teuer, um sie für Teambuilding-Maßnahmen zu unterbrechen, deren Erfolg fraglich ist.

Bieten Sie als Alternative lieber Abendveranstaltungen an ein oder zwei Tagen in der Woche an. Wenn die Messe um 18.00 Uhr schließt, können sich alle zu diesem Zeitpunkt auf dem Messestand zu einem allgemeinen Umtrunk treffen. Jeder Mitarbeiter kann dann sehen, wie der Messestand aussieht, welche Exponate ausgestellt sind und kann mit den Kollegen darüber plaudern, wie die Messe verlaufen ist. Das fördert den Zusammenhalt und beeinträchtigt nicht Ihre Messeziele.

Ihre „Messebewaffnung"

Während der Messe benötigen Sie erfahrungsgemäß einige Kleinigkeiten, die Ihnen das Geschäft oder ganz einfach das „Leben" auf der Messe erleichtern. Man bemerkt sie eigentlich erst, wenn man sie vergessen hat – was Ihnen hoffentlich nach der Lektüre dieses Buches nicht mehr passiert.

Der Kugelschreiber

Der Kugelschreiber ist das wichtigste Hilfsmittel an Ihrem Messestand. Sie kennen wahrscheinlich die Situation: Morgens hatten Sie noch fünf Stück und plötzlich sind alle wie vom Erdboden verschluckt. Meistens liegt es daran, dass diese Kugelschreiber zu wenig wert sind. Es sind günstige Vier-Cent-Werbekugelschreiber mit einem aufgedruckten Logo des Unternehmens. Die verwenden viele Messemitarbeiter gerne, weil sie meinen, sie würden sich am besten eignen, um damit einen Auftrag zu unterschreiben und ihn dem Kunden anschließend zu schenken. Doch meist kommt es anders: Denn nach kurzer Zeit haben Sie keinen mehr parat und müssen erst auf die Suche gehen, ehe Sie ihn dem Kunden zur Unterschrift reichen können. Das macht nicht gerade einen guten Eindruck.

Verwenden Sie die Werbekugelschreiber als „Give-aways", aber nicht als Ihr eigenes Arbeitswerkzeug auf dem Messestand. Lassen Sie sich lieber einen teuren, hochwertigen Kugelschreiber schenken – den werden Sie nie verlieren. Ich habe vor vielen Jahren einmal einen „Mont-Blanc-Kugelschreiber" von meiner Frau geschenkt bekommen, den ich heute noch habe. Ich hüte ihn wie meinen Augapfel, das können Sie sich vorstellen. Ich garantiere Ihnen: Sie suchen nie wieder Ihren Kugelschreiber, wenn er einen derartigen materiellen (im besten Fall auch immateriellen) Wert für Sie hat!

Ein hochwertiger Kugelschreiber verleiht Ihren Notizen oder der Unterschrift Ihres Kunden auch eine höhere Bedeutung. Allerdings muss er, genau wie Ihre Kleidung, zu Ihrer Zielgruppe passen. Mit einem goldenen „Mont-Blanc-Kugelschreiber" auf einer Handwerksmesse zu schreiben, wäre sicherlich nicht das passende Werkzeug.

Visitenkarten

Wir sprachen bereits darüber, wie wichtig es für Sie ist, möglichst rasch die Visitenkarte eines interessanten Kunden zu erhalten. Visitenkarten sind auf einer Messe essenziell, für Aussteller wie für Besucher. Sie weisen jemanden rasch als geeigneten (oder ungeeigneten) Gesprächspartner aus und können so dazu beitragen, eine Menge Zeit sparen (für den Austausch der Daten, die auf ihr angegeben sind, wie auch für unnütze Gespräche).

Denken Sie deshalb vor der Messe daran, ausreichend Visitenkarten mitzunehmen. Bitte kommen Sie auf der Messe nie mit der Ausrede, dass Ihnen kurzfristig die Visitenkarten ausgegangen sind. Das macht einen sehr schlechten und unprofessionellen Eindruck. Die Visitenkarten sollten auch in einem entsprechend guten Zustand sein. Eine geknickte oder schmutzige Visitenkarte sollten Sie lieber wegwerfen als damit negative Assoziationen beim Besucher zu wecken. Dieser zieht Rückschlüsse von der Visitenkarte auf Sie und Ihr Unternehmen.

Die Visitenkarten sollten Sie an mehreren Stellen platzieren, um sie jederzeit griffbereit zu haben: in die Tasche Ihres Sakkos oder Ihres Blazers, eventuell in die Brusttasche Ihres Hemdes oder Ihrer Bluse (vorausgesetzt, Sie haben ein Sakko bzw. einen Blazer an). Und natürlich sollten sie an der Informationstheke Ihres Standes ausliegen. Sind Sie einmal nicht persönlich anwesend, kann die Person an der Information dem Besucher schon einmal Ihre Visitenkarte überreichen.

Mobiltelefone

Ich beobachte immer wieder Verkäufer und Mitarbeiter auf Messeständen, die ihr Mobiltelefon nicht ausschalten. Sie meinen, auch dort permanent erreichbar sein zu müssen. Doch was für ein Zeichen geben Sie Ihrem Kunden, wenn Sie das Gespräch abbrechen, nur weil Ihr Handy klingelt? Sie signalisieren, dass Ihnen Telefongespräche wichtiger sind und dass Sie eigentlich gar keine Zeit für das persönliche Gespräch mit ihm haben.

Deshalb: Handys aus! Sie sollten Ihr Handy nur anschalten, wenn Sie vom Stand weggehen und für die Standbesatzung erreichbar sein wollen. Im Kundengespräch sollte das Handy immer ausgeschaltet sein.

> ► Ein Messeauftritt ist viel zu teuer, als dass auch nur ein Kunde deswegen verloren gehen darf, weil ihn ein Mitarbeiter auf Grund eines Telefonanrufs nicht ansprechen kann oder das Gespräch mit ihm unterbrechen muss.

Es gibt aber eine Möglichkeit, sowohl erreichbar zu sein als auch ungestört Kundengespräche zu führen: Geben Sie Ihr Handy an eine Person ab, die die Anrufe entgegennimmt. Auf manchen Messeständen werden die Handys deshalb am Empfang deponiert, wo die Anrufe beantwortet werden. In wichtigen Fällen kann so gleich ein Rückruftermin mit dem Anrufer vereinbart werden. Wenn der Besitzer des Handys zurzeit des Anrufs keinen Kunden hat, kann ihm das Gespräch natürlich gleich weitergereicht werden. Diese Verfahrensweise funktioniert in der Praxis sehr gut.

Die heutigen Smartphones bieten die Möglichkeit Textnachrichten zu versenden, Spiele zu spielen oder immer einmal zu checken, was es gerade online Neues gibt. Dies können Sie gerne machen, wenn Sie eine Verschnaufpause haben und nicht auf Ihrem Messestand sind. Doch auf dem Messestand ist es sehr unhöflich, sich damit abzulenken. Ich erlebe auf Messen immer wieder, dass statt den Blickkontakt mit potenziellen Kunden zu suchen, der Blickkontakt mit dem Handy gesucht wird.

Weitere nützliche Kleinigkeiten

Andere wichtige und nützliche Dinge, die Ihnen das Leben auf der Messe erleichtern, sind: Taschentücher, Deo-Stick oder Parfüm, Pfefferminzpastillen, ein frisches Hemd bzw. eine zweite Bluse, ein frisches Unterhemd, ein zweites Paar Schuhe, frische Socken zum Wechseln, Lippenstift und andere Kosmetik, Halsbonbons gegen die schlechte, trockene Hallenluft sowie eine Schachtel mit Aspirintabletten. Diese Utensilien können Sie in einer kleinen Tasche – für den Fall der Fälle – irgendwo am Stand deponieren.

Gleiches gilt für Ihre eigene persönliche Verpflegung. Wollen Sie nicht das essen, was Ihnen die Messeorganisation anbietet, so planen Sie dies frühzeitig ein und besorgen Sie sich die entsprechenden Produkte. Während der Messe haben Sie erfahrungsgemäß nicht die Zeit dazu.

Messeetikette

Klare Spielregeln über den Umgang miteinander geben Orientierung. Man verschwendet seine Energie nicht damit, über das Miteinander zu grübeln. Vereinbaren Sie mit Ihrem Messeteam deshalb Spielregeln, die für die Zeit der Messe gelten. Beispiele dafür sind:

- Jeder ist eines jeden Kunden.
- Auf dem Messestand wird weder geraucht noch gegessen.
- Wir duzen uns.
- Wir gehen offen miteinander um.

Abb. 1 Klare Spielregeln ermöglichen Fairplay und gute Kooperation

Im Idealfall klären Sie diese Spielregeln schon einige Tage vor der Messe während Ihres Messetrainings. Beim „Take-off" und bei den täglichen „Abendandachten" sollten Sie diese Spielregeln immer wieder in Erinnerung rufen (siehe Abb. 1).

Take-off

Mit „Take-off" werden zwei verschiedene Veranstaltungen bezeichnet:

1. Die Veranstaltung unmittelbar vor der Messe. Der Messestand ist fertig und das Messeteam trifft sich dort entweder am Abend vor der Messe oder am Morgen des ersten Messetags. Gemeinsam wird die Strategie noch einmal besprochen, die Spielregeln wer-

den geklärt und Informationen gegeben. Jeder weiß danach, wo er was am Stand findet. Auch die Aufgaben am Messestand sind verteilt, jeder kennt seinen Verantwortungsbereich.

2. „Take-off", auch „Morgenandacht" genannt, bedeutet außerdem, sich jeden Morgen eines Messetags noch vor dem Beginn der Messe zu treffen und in zirka 30 min den Schlachtplan für den folgenden Tag zu besprechen: Welche wichtigen Kunden kommen heute? Was sind unsere Messeziele für diesen Tag? Mit wie viel Besuchern wird heute gerechnet? Wo gibt es eine interessante Pressekonferenz?, usw.

Die Disziplin beim Standteam muss allerdings sehr gut sein, damit wirklich alle Mitarbeiter pünktlich zum morgendlichen „Take-off" kommen. Am ersten und zweiten Tag ist dies meist kein Problem. An den folgenden Tagen kann es schon schwieriger werden, die Kollegen zu motivieren, pünktlich am Stand zu erscheinen.

Die Abendandacht

Sie ist eine gute Alternative zum morgendlichen „Take-off", mit dem Vorteil, dass keiner zu spät kommen kann, weil alle schon da sind. Dauert die Messe bis 18.00 Uhr, so können Sie um 18.15 Uhr oder 18.30 Uhr die Abendandacht ansetzen – natürlich auf dem Messestand. Sie haben dann Gelegenheit, alles, was am Tag gelaufen ist, noch einmal durchzusprechen. Dazu gehört Manöverkritik: Was war gut, was weniger gut? Welche wichtigen Kunden waren heute da? Wie viele Messeberichte haben wir am heutigen Tag geschrieben? Wie ist die Resonanz auf neue Produkte? Was machen die Wettbewerber?

Der Fallstrick bei dieser Variante: Manche Kollegen halten diese Nachbesprechung für überflüssig und fischen sich frühzeitig einen Stammkunden, mit dem sie dann ein oder zwei Stunden auf dem Messestand in alten Erinnerungen schwelgen – um damit die „Abendandacht" zu umgehen.

Die Standleitung

Die Leitung des Standes muss klar geregelt sein. Was nicht zwangsläufig bedeutet, dass nur eine Person die Leitung innehat. Ich kenne auch Standteams, bei denen an jedem Tag eine andere Person die Standleitung übernimmt. Dies funktioniert aber nur bei sehr kleinen Teams. Ab einer gewissen Anzahl von Mitarbeitern sollte nur eine Person die Standleitung übernehmen.

Die Standleitung kümmert sich im Allgemeinen vorrangig um einen reibungslosen Ablauf des Tagesgeschäfts. Er/sie ist Ansprechpartner/in für alle organisatorischen Fragen. Das heißt, die Standleitung kümmert sich um das Essen und die Getränke für den Stand, die benötigten Prospekte, koordiniert die Termine, ist Ansprechpartner/in für die Presse, für Jobsuchende, Studenten etc.

Für die Messe gibt es einige Spielregeln, die die Zusammenarbeit des Messeteams auf der Messe erleichtern. Außerdem wird abgesprochen, wie das professionelles Auftreten gegenüber dem Besucher auszusehen hat.

An- und Abmelden am Stand

Sollten Sie einen Termin außerhalb Ihres Standes wahrnehmen, in die Pause gehen oder einfach mal vom Stand weg wollen, so melden Sie sich bitte bei der Standleitung ab und geben Sie an, wann Sie zurückkehren werden. Sind Sie wieder da, so geben Sie auch darüber der Standleitung kurz Bescheid.

Sind Sie vom Stand abwesend, so sollten Sie Ihr Mobiltelefon einschalten, damit Sie bei dringenden Fragen schnell zu erreichen sind. Auf dem Messestand ist das Handy dann natürlich ausgeschaltet.

In der Praxis hat es sich bewährt, dass Sie Ihr Namensschild an der Information abgeben. So hat der Kollege an der Information immer sofort den Überblick, wer gerade am Stand ist und wer nicht.

Abb. 2 Auch Ihr Kunde hat einen vollen Messeterminkalender. Lassen Sie ihn nicht warten

Wenn Sie wiederkommen, holen Sie als Erstes Ihr Namensschild ab und melden sich wieder zum Standdienst an.

Pünktlichkeit

Wenn Sie eine bestimmte Rückkehrzeit vereinbart haben, so seien Sie auch pünktlich zurück! Oft haben Besucher Ihre Rückkehrzeit an der Information erfragt und warten auf Sie. Kunden lässt man nicht warten (siehe Abb. 2)!

▶ Viele Standteams meinen, dass der Kaffee morgens erst eine halbe Stunde nach Messebeginn fertig ist, und sie daher erst später auf dem Stand erscheinen bräuchten … Bitte seien Sie auch zum Messebeginn pünktlich auf Ihrem Stand.

Jeder ist eines jeden Kunde!

Auch, wenn ein Besucher französisch spricht und Sie für die angelsächsischen Länder verantwortlich sind: Es ist Ihre Aufgabe, auch mit diesem Besucher ein Gespräch zu führen. Unabhängig von Ihrem Fachgebiet, Ihrer Hierarchieebene oder Ihrem räumlichen Tätigkeitsgebiet, jeder ist für jeden Besucher Ansprechpartner auf dem Messestand. Sollte es sich später als sinnvoller erweisen, dass ein Kollege das Gespräch fortführt, so können Sie den Kunden immer noch wie weiter oben beschrieben weiterleiten.

Kleiderordnung

Die Anforderungen an Ihre Messegarderobe richten sich nach dem Charakter der Messeveranstaltung: Auf „sportlichen" Messen wie der FIBO, der Eurobike oder der Ispo sind eher gelockerte Kleiderregeln anzutreffen. Bei Investitionsgütermessen gilt die klassische Kleiderordnung. Allgemein gilt:

- Tragen Sie saubere und korrekt sitzende Kleidung. Dazu gehören auch saubere Schuhe. Laufen Sie auf keinen Fall neue Schuhe auf der Messe ein! Tragen Sie bequeme Schuhe, in denen Sie einen Messetag gut überstehen. Sie können sich zum Wechseln noch ein paar weitere Schuhe mitnehmen.
- Benutzen Sie Deo, Parfüm, Rasierwasser – aber dezent. Duftschwaden am Stand können Besucher abschrecken.
- Benutzen Sie immer ein Namensschild: Auf ihm sollte nur Ihr Firmenlogo und Ihr Vor- und Nachname zu lesen sein. Komplette Visitenkarten als Namensschilder zu verwenden, ist ungünstig, da sie zu viele Informationen in zu kleiner Schrift wiedergeben. Das Namensschild sollte in einer für den Besucher gut lesbaren Höhe befestigt sein. Die meisten Namensschilder werden zu tief befestigt.

- Für die Herren gilt: Ein zweireihiger Anzug wird immer geschlossen getragen. Einreiher mit Weste können geöffnet bleiben. Schuhe und Gürtel immer in einer Farbe. Kniestrümpfe sind zum Anzug ein Muss.
- Für die Damen gilt: Nicht zu viel Schmuck, keine tiefen Ausschnitte, keine zu kurzen Röcke, sparsamer Einsatz von Make-up. Alles, was vom eigentlichen Messeziel ablenkt, ist unpassend.

▶ **Praxistipp:** Nehmen Sie sich ein zweites Paar Schuhe mit auf den Messestand. Dadurch, dass Sie den ganzen Tag stehen, sind Sie froh, wenn Sie mittags einmal die Schuhe wechseln können. Dies hört sich banal an. In der Praxis werden Sie diesen Tipp sehr schätzen. Ich gehe noch weiter: Ich wechsle nicht nur die Schuhe, sondern ebenfalls die Socken. Es ist eine Wohltat, diese Kleidungsstücke nach der Hälfte des Tages einmal auszutauschen.

Verpflegung am Stand

Immer wieder höre ich, dass Unternehmen im Vorfeld die Verpflegung nicht organisiert haben und ihre Mitarbeiter deshalb in eines der Messerestaurants schicken. Eine teure Entscheidung, denn dort herrschen Messepreise. Abgesehen von der Wartezeit, die das Unternehmen ebenfalls Geld kostet. Währenddessen ist nämlich der eine oder andere Neukunde über Ihren Stand gegangen und wurde von niemandem angesprochen, weil ein Großteil der Mitarbeiter gerade im Restaurant sitzt und auf sein Mittagessen wartet. Das kann nicht sein! Theoretisch könnten Sie jeden Abend nach der Messe für viele hundert Euro speisen gehen. Das kommt Sie immer noch günstiger, als wenn Sie mittags in einem Messerestaurant essen.

Optimal wäre ein organisierter Speiseplan. Er sollte immer für leichte Speisen am Stand sorgen: Obstsalat, frisches Obst, Quark und Joghurt, vielleicht auch etwas Herzhaftes. Es sollte aber nie so schwer sein, dass die Mitarbeiter nach dem Verzehr das Gefühl haben, Sie bräuchten jetzt erst einmal für ein oder zwei Stunden ein Sofa. Dann führen sie keine effektiven Gespräche mehr.

Bitte essen Sie nicht an Ihrem Messestand. Verlassen Sie ihn während des Essens, gehen sie für zehn bis zwanzig Minuten an die frische Luft, setzen Sie sich auf eine gemütliche Bank und essen Sie in Ruhe. Schalten Sie einen Moment ab.

▶ Zu den Spielregeln gehört auch: Die kleinen Häppchen und Süßigkeiten an Ihrem Stand sind für die Besucher gedacht – nicht für das Standteam!

Alkohol

Alkohol auf dem Messestand sollte für Sie erst ab 18.00 Uhr ein Thema sein. Auch wenn die Messe noch so erfolgreich ist: Den Champagner bitte erst öffnen, nachdem die Besucher aus der Halle sind (siehe Abb. 3).

Vor einigen Jahren veranstaltete die neue Marketingleiterin einer Kölsch-Brauerei ein Messetraining zur Vorbereitung auf die ANUGA – Nahrungs- und Genussmittelmesse in Köln. Es stellte sich schnell heraus, dass die Mitarbeiter in ihrem direkten Kommunikationsverhalten durchaus fit waren. Das Hauptproblem war: Die Mitarbeiter auf dem Stand waren mittags immer schon betrunken und nicht mehr in der Lage, effektive Kundengespräche zu führen.

Doch die Seminarteilnehmer meinten, dass sei nicht so schlimm. Die Besucher hätten für ihre „Unzurechnungsfähigkeit" ab Mittag Verständnis, weil sie ja mit jedem Besucher ein Gläschen Kölsch „zischen" müssten.

Natürlich schlägt der Alkohol unter der Messebelastung mit Stress, Schlafdefizit, unregelmäßigen Mahlzeiten usw. besonders stark durch. Doch kann dies kein Alibi für eine misslungene Messebeteiligung sein. Der Vorschlag, für die Mitglieder des Standteams

Abb. 3 Alkohol auf
der Messe schadet
dem Geschäft

bis 17.00 Uhr nur alkoholfreies Bier auszuschenken, traf auf wenig
Gegenliebe. Fazit: Dieses Seminar hätten wir uns sparen können. Die
Brauerei sich die Messebeteiligung vielleicht auch?

Rauchen

Sollte Ihnen ein Besucher eine Zigarette anbieten, so dürfen Sie natürlich eine mitrauchen. Bieten Sie aber von sich aus keine Zigaret-
ten an. Vermeiden Sie es, auf Ihrem Stand zu rauchen. Es gibt viele
Besucher (und vielleicht auch Kollegen), die sich davon auf dem en-
gen Raum des Messestands gestört fühlen. Nutzen Sie eine Pause für
eine Zigarette außerhalb des Stands. Gleiches gilt noch verstärkt für
Pfeifen- und Zigarrenraucher!

Rundgänge bei der Konkurrenz

Natürlich sollten Sie die Messezeit auch dafür nutzen, sich einen Überblick darüber zu verschaffen, was auf der Messe insgesamt geboten wird – und darüber, was Ihre Konkurrenz so treibt. Die „spitzeln" bei Ihnen nämlich genauso.

Die beste Zeit für Ihre Standbesuche ist der Abend vor der Messe. Die meisten Aussteller haben schon alles hergerichtet und Sie können sich in Ruhe einen Überblick über das Angebot verschaffen. So sind Sie schon am ersten Messetag im Bilde. Und Sie können Ihren Besuchern interessante Tipps geben, was das weitere Angebot auf der Messe betrifft.

Ansonsten sollten Sie die Randzeiten an den besucherarmen Tagen für Ihre eigenen Rundgänge nutzen. Die Besucherfrequenzen der einzelnen Messetage sind Erfahrungswerte der letzten Messen, die Sie im Messehandbuch des AUMA nachlesen können.

Wenn Sie während der Messe andere Aussteller besuchen wollen, vergessen Sie nicht, Ihr Handy anzustellen. Vielleicht will Sie die Standleitung kurzfristig zurückrufen, weil sich plötzlich die Besucher auf dem Stand drängen. Auch sollten Sie Ihre Abwesenheit auf maximal eine Stunde am Stück beschränken. Versäumen Sie nicht, sich ab- und wieder zurückzumelden.

Ihr Messerundgang ist eine ideale Gelegenheit, sich ein klares Bild über den Auftritt Ihrer Konkurrenz zu verschaffen. Sammeln Sie Kataloge und Prospekte und fotografieren Sie die Exponate und Messestände. So können Sie Stärken und Schwächen der diversen Angebote auswerten. Sie können ein bis zwei Mitarbeiter vom Messeteam dafür abstellen, damit spätestens am Abend des ersten Messetages alle Standmitarbeiter über die Konkurrenzsituation informiert sind. Auch für das spätere Messecontrolling ist diese Wettbewerbsanalyse äußerst wichtig.

Networking

Eine Messe ist natürlich auch eine hervorragende Gelegenheit, Ihre Kontakte zu den anderen Ausstellern Ihrer Branche zu pflegen. Machen Sie Smalltalk. Tauschen Sie Visitenkarten. Wer weiß, wofür es später einmal gut ist. Doch auch für diese Besuche gilt: Sie dürfen nicht auf Kosten Ihrer Messeziele gehen. Wählen Sie Zeiten dafür aus, zu denen genügend Kollegen anwesend sind, sodass Sie sich gut vom Stand entfernen können. Und: Bei diesen Gesprächen sollte das Handy immer auf Empfang geschaltet sein!

Messen sind schließlich auch Jobbörsen: Hier können Sie neue Mitarbeiter finden. Und natürlich bei Bedarf auch Ihren Marktwert als Mitarbeiter bestimmen …

Umgang mit Medien

Presse- und Medienvertreter sind eine besondere Spezies und wollen auch dementsprechend behandelt werden. Gerade für Ihre Öffentlichkeitsarbeit ist es ganz entscheidend, dass Sie auch Pressevertreter auf Ihrem Messestand begrüßen können. Dafür stellen Sie am besten einen Ansprechpartner ab, der oder die gut mit Reportern, Journalisten und Kameraleuten umgehen kann. Die verantwortliche Person muss ganz genau instruiert sein, was sie zu sagen hat – und was besser nicht. Das heißt, sie muss sich gründlich darauf vorbereitet haben, die Pressemappen kennen und auch wissen, wo diese sich befinden. Sie weiß, welche Pressemappe für welchen Medienvertreter bestimmt ist.

Auch das Standteam muss wissen, wer für die Öffentlichkeitsarbeit verantwortlich ist. Es sollte kein „normaler" Standmitarbeiter auf die Idee kommen, auf dem Messestand ein Interview mit einem Fernsehjournalisten zu führen, nur weil er auch gerne mal ins Fernsehen kommen möchte.

Gleiches gilt für Studenten und Jobsuchende. Auch für sie muss es einen festen Ansprechpartner geben. Für Sie als Aussteller sind sowohl Studenten, die später eventuell Ihre Mitarbeiter oder Kunden sein werden, als auch die Presse enorm wichtig. Allerdings bringen beide keine direkten Umsätze. Wenn also Ihre auf Akquisition oder Kundenpflege spezialisierten Mitarbeiter ihre Zeit damit verbringen, mit diesen Besuchergruppen lange Gespräche zu führen, dann ist das hinausgeworfenes Geld.

▶ Auch deshalb ist gute Bedarfsklärung wichtig: Ihr Gesprächspartner darf sich nicht bei Ihnen für das Interview oder die gute Hilfe für seine Diplomarbeit bedanken – dann haben Sie etwas falsch gemacht!

Expertentalk mit Marc von Bandemer: Erfolgreiche Pressearbeit rund um Ihren Messeauftritt

Dirk Kreuter: Marc, was sagst Du als PR-Profi: Warum brauche ich überhaupt PR rund um die Messebeteiligung?

Marc von Bandemer Nun, jede Messe ist eine Plattform, um ein Unternehmen, seine Neuheiten und seine Leistungsfähigkeit zu präsentieren. Für diejenigen, die diese Plattform nutzen, sind die Presse und die Medien ein perfekter Multiplikator, um deren Botschaft auch über die direkten Maßnahmen, die ergriffen werden, wie Mailings und Einladungen, noch zu verstärken. Wenn wir jetzt beispielsweise über „B2B-Messen" sprechen, hat ja mittlerweile fast jede Branche ausreichend Fachzeitschriften, in deren Jahreskalender Messen die großen Themen sind. Denn auf Messen werden eben die Neuigkeiten und Trends gesetzt.

Das heißt: Alle Fachzeitschriften haben Vorberichterstattungen und Serviceseiten für die Leser, auf denen gezeigt wird, welche Unternehmen dort ausstellen, was die Highlights sind und dass es sich lohnt dort hinzugehen. Wer dort ausstellt und von den Zeitschriften als Highlight oder als Aussteller, der wirklich etwas zu bieten hat, empfohlen wird, erreicht damit wesentlich mehr Leute und zieht diese auch auf den Stand. Dies ist eine ganz wesentliche Chance, die Aussteller haben, um die Besucherfrequenz am Stand zu erhöhen und auch Teilnehmer, die noch nicht so im Fokus der Aus-

D. Kreuter, *Erfolgreich akquirieren auf Messen*,
DOI 10.1007/978-3-658-02988-3_9, © Springer Fachmedien Wiesbaden 2014

steller waren, anzusprechen bzw. zu erreichen und auf ihr Angebot aufmerksam zu machen.

Dirk Kreuter: Wann sollte ich damit anfangen? Also wie lange vor der Messe sollte ich die Journalisten kontaktieren und sagen: „Wir haben was Tolles, berichtet doch vor der Messe schon mal darüber"?

Marc von Bandemer Es ist ein sehr großer Vorteil, dass die Messe-Termine schon so lange vorher feststehen. So bleibt vorab ausreichend Zeit, um schon zu recherchieren, welche Zeitschriften tatsächlich in Frage kommen. Im nächsten Schritt werden die Themenpläne geprüft. Dort findet man z. B. Aussagen wie „Die Automechanika findet im September statt". Dann ist es logisch, dass sich die August- und Septemberausgabe um die Vorberichtserstattung drehen.

Vier Wochen vor Redaktionsschluss müssen für die relevanten Ausgaben alle Unterlagen für den Versand an die Redaktionen fertig sein. Also muss ich ca. drei Monate vor der gewünschten *Veröffentlichung konkret tätig werden und mit der Recherche beginnen.*

Dirk Kreuter: Welche Formate biete ich da am besten an? Ein Interview vor der Messe, ein Interview auf dem Messestand oder einen Artikel über Produktneuheiten mit Fotomaterial? Wie schätzt Du das ein?

Marc von Bandemer Da sprichst Du noch einmal etwas völlig anderes an! Das sind ja schon Dinge, die Du dann später auf dem Stand machst. Hier sind die meisten Neuheiten schon längst bekannt, da diese in der heutigen Medienwelt bereits im Vorfeld, besonders in den Fachzeitschriften und über Social Media, bekannt gemacht und vorgestellt werden. Der große AHA-Effekt, wenn der Vorhang auf der Messe hochgeht, bleibt meist aus.

Die Zielrichtung, um auf der Messe Presse-Arbeit zu machen, ist also ein bisschen anders. Hier passt Dein Spruch auch zur PR: Es gibt keinen Ort der Welt, wo so viele Journalisten auf einmal zusammenkommen und man sein Unternehmen mit dem Messestand als Aushängeschild präsentieren kann. Neben den Neuheiten, die eigentlich eher Türöffner sind, hast Du die Möglichkeit, darüber hinaus ganz andere Themen mit den Presseleuten zu besprechen und Networking beziehungsweise Kontaktpflege zu betreiben.

Es ist eben einfach eine große Chance, wenn es einem gelingt, einen Journalisten auf den Stand zu holen, ihn für die Storys, die man hat oder die man entwickeln möchte, zu begeistern und dazu direkt ein Feedback zu erhalten. Das ist echt super! Wenn jemand beispielsweise zehn Termine mit Journalisten an einem Tag hat, würde er außerhalb der Messe sicher eine Woche brauchen, um die Journalisten überhaupt zu identifizieren und einen Termin zu vereinbaren.

Bei der Vorankündigung geht es einfach nur um eine Presseinformation mit Deiner Neuheit oder dem, was Dein Unternehmen ausstellt. Idealerweise gibt es eine Neuheit. Wenn es keine gibt, solltest Du versuchen, irgendwas zu konstruieren, was neu ist. Den Text versendest Du mit geeignetem Bildmaterial dann ganz simpel direkt an die Redaktion per E-Mail. In den Redaktionen werden alle Presseinformationen rund um eine Messe gesammelt. Wer schon einen guten Ruf hat oder bei den Journalisten bekannt ist, hat gute Chancen veröffentlicht zu werden.

Dirk Kreuter: Also auch hier wieder: Die Journalisten sind sowieso auf der Messe. Das bedeutet, die Wahrscheinlichkeit, mit diesen einen Termin während der Messe zu vereinbaren, ist deutlich höher, als mich mit den Journalisten bei denen oder bei mir im Betrieb zu treffen.

Marc von Bandemer Genau! Außerdem hast Du viele Chancen, gerade wenn es um die technischen Themen geht. Ein PR-Experte schreibt zwar den Artikel, ist aber in den seltensten Fällen auch Spezialist für die unterschiedlichen Produktinnovationen. Er kann zwar gut schreiben, aber die Technologie hinter dem Produkt nicht erklären. Journalisten haben auf Messen die Möglichkeit, Ingenieure und Produktmanager, die sich ebenfalls auf dem Messestand befinden, hinzuzuziehen und technische Erläuterungen zu erhalten. Es ist also eine einmalige Chance, diese Nähe zur Fachexpertise herzustellen, die optimal auf der Messe genutzt werden sollte.

Es geht dabei noch um einen weiteren wichtigen Punkt. Hier kann den Fachleuten die Angst vor der Presse genommen werden. Diese sagen häufig, dass sie keine Zeit haben, und wenn sie an einem Projekt arbeiten, sei Presse für sie das Allerletzte, was sie in ihr Tagesgeschäft einplanen möchten. Sie wissen nicht, wie sie mit Journalisten umgehen sollen und was sie gefragt werden – da gibt es häufig eine Hürde oder sogar eine Blockade.

Dieser Blockade kann auf Messen sehr einfach entgegengewirkt werden, indem die Spezialisten erst einmal mit einem Journalisten sprechen und merken, dass das Gespräch auf Augenhöhe stattfindet. Diese positive Erfahrung habe ich schon häufig gemacht.

Dirk Kreuter: Okay, was hältst Du denn von Social Media als PR-Instrument im Vorfeld zur Messe?

Marc von Bandemer Es kommt darauf an, welche Themen Du hast und wen Du erreichen möchtest. Wenn Du ohnehin bei Social Media gut aufgestellt bist und Dir bereits ein Netzwerk mit Multiplikatoren, Meinungsbildnern und Journalisten aufgebaut hast, ist es natürlich auf jeden Fall wichtig, dieses optimal für die Kommunikation – auch mit der Presse – zu nutzen.

Dirk Kreuter: Alles klar, aber es macht Deiner Meinung nach keinen Sinn, extra einen Twitter-Account oder eine Facebook-Fanpage im Sinne von „Kreuter@ISH2014" zu erstellen, den ich dann vor, während und nach der Messe ein bisschen füttere und dann drei Monate später „verhungern" lasse?

Marc von Bandemer Also das macht nur dann Sinn, wenn das zum Beispiel Konzerne wie die Telekom machen, die allein durch ihre Größe und Marktmacht schon eine unglaublich große Nachfrage von Presse- und Publikumsseite generieren. Mittelständische Unternehmen – sogar Technologieführer in einer Branche – müssen trotzdem erstmal ihre Zielgruppe oder ihr Netzwerk aufbauen, und das wird nicht über eine Messe gelingen. Da ist es zielführender, den bereits vorhandenen Facebook-Account zu nutzen und das vorhandene Netzwerk um die Messezeit mit dem Thema „Neuheiten auf der Messe" zu füttern. Das kann einen ganz zentralen Stellenwert in der Messekommunikation einnehmen.

Dirk Kreuter: Super, vielen Dank für den Tipp. Dann noch einmal zurück in die Vorbereitung unmittelbar vor der Messe: Es gibt ja ein Pressezentrum mit Fächern für die Journalisten. In wie weit ist das noch zeitgemäß? Macht das überhaupt Sinn? Und was muss so eine Pressemappe enthalten?

Marc von Bandemer Das ist eine Frage, die mir auch sehr viele Kunden stellen. Also Fakt ist, wenn Du heute die Pressezentren betrittst, siehst du, dass die Fächer für Pressemappen immer leerer werden. Da fragt man sich doch, ob man dort überhaupt etwas hinterlegen muss.

Viele legen dort mittlerweile nur noch CDs oder USB-Sticks rein. Die Form der Pressemappe ist heutzutage völlig egal! Wenn Du nicht für die Büttenpapierfabrik Gmund arbeitest und die Verpackung auch die Botschaft ist, ist es völlig egal, in welcher Form Deine Pressemappe vorliegt! Es reicht auch ein DIN A4-Blatt, auf dem steht, dass Presseinformationen zur Messe unter folgendem Link im Internet zu finden und Experten bei Fragen gerne am Stand anzusprechen sind. Keine Variante ist signifikant erfolgreicher als die andere.

Selbstverständlich muss es irgendwo einen Ort geben, an dem die Presseinformationen hinterlegt und abrufbar sind. Das ist dann auf Deiner Website unter dem Presse-Bereich oder Du richtest einen eigenen Bereich zu der Messe ein. Wichtig ist, dass es Dir gelingt, die Journalisten auch auf diesen Bereich aufmerksam zu machen. Je vielschichtiger die Medien sind, desto granularer musst Du auch Deine Informationen aufbereiten.

Wenn ein Pressegespräch auf dem Stand stattfindet, ist es immer gut, noch eine physische Pressemappe zu haben, um im Gespräch die Texte und Themen durchzublättern und dem Gesprächspartner zu signalisieren, dass die Mappe mit den Bildern, Interviews und Background-Informationen extra für ihn vorbereitet wurde. Dann erwähnst Du, dass alle Informationen auch im Internet zu finden sind und gibst Deinem Gegenüber eine Visitenkarte mit dem Link, so dass er sie dann in der Redaktion abarbeiten kann. Da sich einige Journalisten die Mappe aber gerne auch direkt nehmen, um sich darauf Notizen zu machen, sollten auf jeden Fall 20-30 Pressemappen vorbereitet werden.

Dirk Kreuter: Okay. Mache ich, wie im Buch beschrieben, vorher Termine mit den Journalisten aus oder warte ich darauf, dass sie von sich aus an meinen Stand kommen?

Marc von Bandemer Je besser Du die Journalisten kennst oder je bekannter Du bist, desto leichter wird es Dir fallen, Termine mit ihnen zu vereinbaren. Ich würde auf jeden Fall im Vorfeld eine schriftliche persönliche Einladung zu einem Pressegespräch versenden.

Es gibt keine Statistiken – ich spreche jetzt aus Erfahrung –, aber meistens machen die Journalisten etwa zwischen zwei Wochen und fünf Tagen vor der Messe ihren Messeplan, planen also ihren Messerundgang. Innerhalb dieses Zeitfensters solltest Du dann auch persönlich Kontakt zu ihnen aufnehmen und einen Gesprächstermin vereinbaren. Viele Journalisten wissen noch nicht genau, wann sie vorbeikommen, können aber schon sagen, dass sie an Tag X in Deiner Halle sind und es versuchen. Das ist dann auch völlig legitim und okay.

Dadurch bist Du schon mit den Gesprächspartnern in Kontakt und hast dann, falls es zu keinem Termin kommt, einen Aufhänger anzurufen und einen neuen Termin nach der Messe zu vereinbaren. Deswegen ist diese persönliche Ansprache – erst einmal hinschreiben und dann nachtelefonieren – extrem wichtig.

Wenn Du wartest, dass Journalisten dich am Stand besuchen, kannst Du lange warten. Das ist genauso, als würdest Du einen Telefonanschluss buchen, keinem Deine Nummer geben und dann darauf warten, dass jemand anruft.

Dirk Kreuter: Welches sind die Formate, um auf der Messe mit der Presse in die Kommunikation einzusteigen? Bekannt sind ja Pressekon-

ferenzen und Pressegespräche. Was macht denn Deiner Meinung nach am meisten Sinn?

Marc von Bandemer Wenn ein Mittelständer, der Marktführer ist – ein ganz starkes Unternehmen –, eine echte Weltsensation oder eine Fusion mit einem anderen Unternehmen hat, so wie Facebook kürzlich Whats App gekauft hat, also einen Wettbewerber schluckt oder eine komplett neue Vertriebsstrategie bekannt gibt, dann muss es natürlich eine Pressekonferenz geben.

Aber schau doch mal, was es z. B. auf der CeBIT an Terminen für Pressekonferenzen gibt: Über die gesamte Messedauer finden im Viertelstunden-Rhythmus jeweils zwei Veranstaltungen parallel statt. Es gibt gar nicht so viele Journalisten wie Veranstaltungen!

Ich weiß auch gar nicht, warum alle so unglaublich exzessiv Pressekonferenzen betreiben. Bei diesen Konferenzen wird dem Standteam dann vorgeschrieben, sich um 15 Uhr im Pressezentrum einzufinden, damit der Vorstandsvorsitzende und der Pressesprecher da nicht alleine sitzen und der eine Journalist, der vielleicht kommt, nicht den Eindruck hat, als wäre er der einzige da. Das sind wirklich unnötige Veranstaltungen, die auf allen Seiten einen unglaublichen Stress verursachen.

Ich habe schon einige Pressekonferenzen gemacht, die funktioniert haben, zu denen auch viele Leute gekommen sind. Aber da musst Du wirklich etwas zu sagen haben. Deswegen ist meiner Meinung nach ein Hintergrundgespräch viel sinnvoller. Du machst also einen persönlichen Termin mit einem Journalisten und bietest ihm damit die Ansprechpartner und Informationen, die er auch wirklich benötigt. Das ist auch für die Journalisten um ein Vielfaches angenehmer. So zeigst Du, dass das dann exklusive Informationen für den Journalisten sind und dass Du Dir wirklich für den einen speziellen Menschen Zeit nimmst. So ist die Wertschätzung deutlich höher.

Was wir jetzt schon zwei-, dreimal gemacht haben, ist ein Pressefrühstück. Die Journalisten wurden also eingeladen, zwischen 09:00 und 11:00 Uhr zu kommen und noch einen heißen Kaffee zu trinken und belegte Brötchen zu frühstücken. Das kam gut an.

Dirk Kreuter: Macht man das dann auf dem Stand oder mietet man da etwas?

Marc von Bandemer Auf dem Stand. Du bestellst den Caterer von der Messe, der die Schnittchen liefert. Wenn die Journalisten an Deinen Stand kommen, hast Du auch gleich die Fachexperten da, die dann bei spezifischen Fragen übernehmen können. Bei Versicherungs- oder IT-Unternehmen ist das jetzt weniger spannend, aber wenn du technische Produkte hast, kannst Du ihm direkt die Innovationen oder Neuheiten vor Augen führen, präsentieren und zeigen.

Übrigens sollten die Pressegespräche maximal eine halbe Stunde dauern, da die Journalisten den ganzen Tag über durchgetaktet sind und von Stand zu Stand gehen. In dieser Zeit ist es wichtig, dass dem Journalisten die richtigen Leute vorgestellt werden und dass er gut betreut wird.

Dirk Kreuter: Okay, also als Format am besten das Pressefrühstück wählen. Pressekonferenzen eignen sich nur, wenn es wirklich etwas Außergewöhnliches zu berichten gibt, da man sich sonst eher blamiert. Eine gute Alternative zum Pressefrühstück ist ein Termin für ein Individualgespräch. Dort gibt es dann ein Interview oder ich gebe ihm die Informationen in Form einer Pressemappe mit, richtig?

Marc von Bandemer Ja, genau. Messen sind DIE Gelegenheit zum Networking. Hier kannst Du viele Pressebeziehungen aufbauen und Themen vermitteln.

Dirk Kreuter: Stimmt. Und nach der Messe schicke ich der Redaktion noch eine Information, dass die Messe ein großer Erfolg war, total viel Interesse der Besucher, viel Zuspruch bestand und dass wir sowieso die Helden sind. Kunden kaufen schließlich nur von Siegern.

Marc von Bandemer Ja, das kannst Du machen, aber man sollte auch da schon ein bisschen Butter bei die Fische geben. Also, wenn man jetzt sagt, dass die Messe so ein Erfolg war, dass man sein erstes Kraftwerk nach China verkauft hat, dann kann man das machen.

Aber darüber, dass der Stand so voll wie nie war, dass noch nie so hochqualifizierte Leute da waren oder die Resonanz auf die Weltneuheit noch nie so riesig war, berichtet niemand. Was Du wohldosiert machen kannst ist über einen Promi zu berichten, der auf der Messe war. Aber das Interesse nimmt nach meiner Wahrnehmung auch hier etwas ab.

Über die Gespräche mit den Presseleuten sollte es im Anschluss auch einen Besuchsbericht geben: Daran ist er interessiert, er kommt von der Redaktion XY, diese Informationen möchte er haben, er hatte Nachfragen zu dem und dem Thema und wünscht sich mal einen Besuch im Unternehmen.

Dann im Nachgang der Messe sollten die Journalisten ein Anschreiben bekommen: „Vielen Dank für Ihren Besuch! Nach Rücksprache mit dem entsprechenden Experten steht Ihnen dieser nun gerne zur Verfügung. Welche Informationen benötigen Sie?" Die Punkte, die Du mit ihm besprochen hast, musst Du nun verbindlich machen.

Dirk Kreuter: Okay, das ist ein wichtiger Punkt: Ich muss gar nicht alles selber machen. Ich könnte genauso den Multiplikator „Pressestelle Messe" nutzen?

Marc von Bandemer Genau, schließlich ist diese immer dabei und produziert die Informationen darüber, wie die Messe läuft, wie viele Besucher aus welchen Ländern kommen, wie voll die Hallen und was die Highlights auf den Ständen sind.

Selbstverständlich ist die Pressestelle auch immer auf der Suche nach Eyecatchern, und wenn Du so einen zu bieten hast, musst Du auf jeden Fall darauf hinweisen! Eine enge Kooperation mit der Pressestelle ist wichtig, so dass sie dann auch am Stand vorbeikommen und berichten, weil es ja bei vielen Messen auch Messe-Tageszeitungen gibt. Nur zu sagen „Es war eine erfolgreiche Messe und wir sind die Tollsten" ist austauschbar. Das wird niemand so übernehmen!

Ein Anbieter für Lagertechnik zum Beispiel hat als Testimonial Deutschlands erfolgreichsten Sumo-Ringer. Der spaziert auf den Regalen herum und zeigt dadurch, wie leistungsstark und haltbar diese sind. Da kann man natürlich noch einmal zum Foto- oder Pressetermin einladen oder auch selbst ein Foto machen und das dann an die Pressestelle der Messe geben und sagen: „Hier verbreitet das doch. Das ist doch auch für die Messe-PR ein Hingucker."

Dirk Kreuter: In meinen Messetrainings sage ich den Marketing-Leuten, wenn sie den Messebericht fertig stellen, sollten sie auch die Messe-PR mit einbeziehen.

Das heißt: Wie viele Journalisten waren am Stand? Wie viele Veröffentlichungen gab es? Was hätte diese Veröffentlichung gekostet, wenn ich sie als Anzeige gemacht *hätte? Welche Reichweite hat diese Veröffentlichung usw. Dies ist eine gute Methode, um das Messebudget intern besser rechtfertigen zu können. Wie siehst Du das mit dem Messeabschlussbericht inklusive PR-Auswertung?*

Marc von Bandemer Das würde ich unbedingt machen! Das ist ein Punkt, den wir in „Unsere 33 guten Gründe, warum PR die beste Vertriebsunterstützung ist" aufgenommen haben. Die Presseveröffentlichungen sind eine Motivationsspritze für die Vertriebler!

Wenn ich als Vertriebler Neuheiten verkaufen soll und dann im Nachgang auch gespiegelt bekomme, dass das auch in den Medien super eingeschlagen hat und eine Sensation war, dann bin ich ja viel motivierter, das Produkt auch zu verkaufen. Wenn alle vom „Logistikjournal" bis zu „Mein Regal und ich" die Regale von Anbieter X für die besten halten, dann weiß ich auch, dass ich bei der richtigen Mannschaft kämpfe und ein Produkt habe, das sich auch wirklich gut verkaufen lässt. Schon allein zu sagen „Unser Auftritt hat Interesse bei 30 Journalisten, davon 15 aus dem Ausland, – geweckt. Die sind zu uns auf den Stand gekommen und haben sich selbst von der Leistungsfähigkeit überzeugt" macht Eindruck. Also bei der internen Auswertung kann man auch durchaus ein bisschen mehr „auf den Putz hauen" und sagen: „Wenn die Presse das gut findet und die alle hier waren, dann muss da was dran sein".

Dirk Kreuter: Ja genau. Sollte man denn Deiner Meinung nach PR aus eigener Kraft oder mit externen Profis machen? Gibt es auch die Möglichkeit, externe Profis nur für so ein Projekt wie eine Messe zu buchen? Welche Möglichkeiten gibt es und worauf muss man besonders achten?

Marc von Bandemer Wenn ich diese Frage auf die Messe beziehe, sollte es in Deinem Interesse liegen, dass Du dieses Netzwerk von Journalisten selbst aufbaust, so dass sie Dich und Dein Unternehmen persönlich kennen. Es stellt sich jedoch die Frage, ob Du die personellen Kapazitäten hast. Es ist schon ziemlich zeitaufwendig, 50 Journalisten vorher anzurufen und zu motivieren, auf Deinen Stand zu kommen. Hast du jemanden, der das qualifiziert machen kann? Wenn ja, dann sollte dieser das durchaus machen – aber auch nur dann. Die Unternehmen, über die wir gerade gesprochen haben, haben so jemanden nicht.
Dirk Kreuter: Die machen das mit externen Leuten?

Marc von Bandemer Ja, oder sie machen es zwar selbst, aber mit Leuten, die es nicht können. Wenn es aber erfolgreich sein soll, sollte man es auf jeden Fall mit Externen machen, deren Kernkompetenz das ist.
Wenn es darum geht, sich eine Agentur speziell für eine Messe auszusuchen, sollte man sich deren Kunden genau anschauen. Ich war kürzlich auf der „Euroshop" in Düsseldorf. Dort haben wir drei Kunden betreut. Das heißt, es kostete mich einen Anruf bei einem Journalisten, aber ich konnte für alle drei Kunden einen Termin vereinbaren. Ich bin mit einem Journalisten bei einem Kunden gewesen und habe dann gesagt: „Komm, wir gehen jetzt auch mal in die andere Halle. Da haben wir nämlich noch einen Kunden mit einem super Thema." Der Journalist kann gar nicht nein sagen und freut sich ebenfalls darüber, dass er seine Zeit optimal nutzen kann!
Dirk Kreuter: Also haben wir hier im Grunde genommen den Synergieeffekt?

Marc von Bandemer Ja, Du hast hier den Synergieeffekt. Den Synergieeffekt bei Kontakten.

Dirk Kreuter: Das heißt, wenn ich einen Externen nehme, muss ich im Grunde genommen schauen, wer in der Branche gut aufgestellt ist, wer in der Branche gute Journalistenkontakte hat und wer möglicherweise auf der Messe schon zwei bis drei andere Kunden hat, die auch dort ausstellen.

Eine exklusive Agentur ist hier nicht von Vorteil, besser ist, wenn die Agentur in der Branche schon ein paar andere Kunden hat, weil sie dann eher den Zugang zu den Journalisten hat. Kann ich eine Agentur denn nur für eine Messe buchen?

Marc von Bandemer Im Grunde schon. Das Entscheidende ist aber dabei: „Vergiss es, überhaupt darüber nachzudenken, PR nur für eine Messe zu machen. Wenn Du es nur für diese Messe machst und danach wieder aufhörst, wird das nichts. Eine Messe ist ein Vehikel, ein Transporteur für bestimmte Dinge und um Umsatz zu machen.

Das Ziel Umsatz zu machen hört nicht mit der Messe auf. Du wirst unglaublich viele Dinge auf der Messe besprechen, die vielleicht erst drei, vier oder fünf Monate danach relevant werden. Da musst Du genauso nacharbeiten und Interviews führen wie nach einem Verkaufsgespräch.

Nach der Messe ist vor der Messe. Ich sag mal„ für uns sind Messen als Akquise-Instrument immer ein guter Aufhänger, weil das einen Impuls bei den Unternehmen auslöst. Aber sie sollten grundsätzlich in ein Gesamtkommunikations-Konzept eingebettet sein.

Kritische Situationen auf dem Messestand

Auf Messen geraten Sie immer wieder mal in kritische Situationen: Sie sind im Stress, haben keine Zeit, geraten in Situationen, auf die Sie nicht vorbereitet sind. Ganz können Sie das auch nicht vermeiden. Aber auf einige Situationen, die erfahrungsgemäß immer wieder einmal auftreten, möchte ich Sie gerne hinweisen.

Mal zu viele, mal zu wenige Besucher

Gerade zu Messebeginn und zum Ende der Messe ist der Besucherandrang auf dem Stand eher gering. Was können Sie in dieser Situation tun, damit Ihr Stand nicht ganz verlassen aussieht?

- Machen Sie Ordnung: Füllen Sie die Prospekte auf, räumen Sie die Tische ab, beschäftigen Sie sich. Ohne jedoch zu vergessen, immer ein Auge auf vorbeigehende Besucher zu haben.
- Wenn Sie sich mit Kollegen austauschen wollen, vermeiden Sie Gruppenbildungen. Der interessierte Besucher darf nicht das Gefühl bekommen, in einer Unterhaltung zu stören. Nicht mehr als zwei oder drei vom Standteam sollten als Gruppe auftreten.

D. Kreuter, *Erfolgreich akquirieren auf Messen*,
DOI 10.1007/978-3-658-02988-3_10, © Springer Fachmedien Wiesbaden 2014

Zu viele Kunden auf einmal

Trotz Ihrer Terminpläne sind Sie manchmal mit „zuviel des Guten" konfrontiert: Zu viele Kunden drängen sich auf Ihrem Stand. Ihr Team muss dem Andrang irgendwie gerecht werden. Welche Spielregeln gelten, wenn der Andrang auf Ihrem Stand sehr groß ist?

Wartende Kunden

Sie haben einen Besucher, der zu einem Kollegen möchte (und nur zu diesem Kollegen!). Dieser ist aber im Gespräch und hat im Moment keine Zeit. Prinzipiell ist ein wartender Kunde nicht schlecht, solange er nicht einfach stehen gelassen wird. Aber er sieht, dass an Ihrem Stand ein gewisser Andrang herrscht und das steigert meist das Interesse. Was können Sie tun, damit auch dieser Kunde einen Termin bekommt?

Informieren Sie den verantwortlichen Kollegen. Im Idealfall unterbrechen Sie höflich sein Gespräch, zeigen ihm die Visitenkarte des wartenden Besuchers – so, dass der andere Gast die Daten der Visitenkarte nicht sieht – und informieren ihn kurz über den Hintergrund des Gesprächswunsches. Ihr Teamkollege sollte Ihnen dann sofort mitteilen, wie er verfahren möchte. Folgendes ist möglich:

- Vereinbarung eines späteren Treffens auf der Messe. Der Messekalender für das gesamte Team sollte an der Information bzw. bei der Standleitung ausliegen. So können Sie ohne Probleme einen Termin für einen Kollegen ausmachen. Aber Vorsicht! Ein solcher Termin wird häufig vom Besucher „vergessen"! Also nur, wenn der Kunde deutlich Interesse daran zeigt. Ansonsten:
- Termin beim Besucher in dessen Unternehmen oder im eigenen Unternehmen für die Zeit nach der Messe vereinbaren. Der Kollege gibt Ihnen seinen Terminkalender, sodass Sie sich mit dem Be-

sucher auf ein Datum einigen können. Auch dieser Termin sollte dem Besucher noch am gleichen Tag per Fax bestätigt werden.

- Der Besucher geht freiwillig in die Warteschleife: Der Kollege sagt, wie lange er noch für das aktuelle Gespräch benötigt. Und zwar so, dass der aktuelle Gesprächsgast dies auch hört. Der Besucher kann dann entscheiden, ob er warten will. Vorsicht, falls anschließende Termine vereinbart sind. Nicht, dass der Besucher wartet und dann doch nur fünf Minuten Zeit für ihn ist.

Tipp: Besucher zum Warten „zwingen"

Es gibt einen kleinen Trick, mit dem Sie es schaffen, einen Besucher etwa zehn Minuten an den Stand zu binden. Servieren Sie ihm einen Tee oder einen Kaffee – und zwar kochendheiß! Er wird zehn Minuten brauchen, um überhaupt den ersten Schluck nehmen zu können. Nur wenige Besucher werden das Getränk unberührt zurücklassen. Zumeist verbietet dies der Anstand des Gasts! Achtung: Nicht jede Kaffeemaschine schafft diese Serviertemperatur!

Dauerredner

Ausführliche Gespräche über allgemeine Themen wie das Wetter, Klatsch und Tratsch, Familie, Politik oder Sport gehören auf eine Party, aber nicht auf die Messe. Besonders, wenn Ihr Stand gut besucht ist oder Ihre Besucher schubweise und nicht in regelmäßigen Abständen kommen, werden Sie schnell in Stress geraten, wenn Ihnen Ihr Gesprächspartner unbedingt noch vom letzten Schalke-Spiel, von seiner kleinen Tochter und seinem letzten Urlaub erzählen will. Besucher, die sich als Dauerredner entpuppen, können zum echten Problem werden.

Um es ganz klar zu sagen: Natürlich ist der Aufbau einer Beziehung zum Kunden sehr wichtig. Mit solchen Themen kann eine

Beziehung entstehen. Aber auf der Messe gelten andere Spielregeln als im sonstigen Kundenkontakt. Sie stehen in der Regel unter Zeitdruck und haben keine Zeit, intensiver über persönliche oder allgemeine Themen zu reden. Folgende Tipps helfen Ihnen im Umgang mit Dauerrednern:

- Sprechen Sie ihn mit seinem Namen an. Wenn es sein muss, mehrmals. Sie machen ihn so diskret darauf aufmerksam, dass Sie auch etwas sagen möchten.
- Wechseln Sie in die Vergangenheitsform Ihrer Aussagen: „Schön, dass wir das Thema so detailliert besprochen haben …", „Herr Muster, ich freue mich, dass wir eine Lösung finden konnten …".
- Stellen Sie nur noch geschlossene Fragen! Fragen, bei denen Ihr Gegenüber nur noch mit „Ja" oder „Nein" antworten kann. Das nimmt Tempo aus dem Gespräch.
- Kündigen Sie Folgemaßnahmen an: „Gleich, Herr Muster, gleich, wenn wir uns verabschiedet haben, werde ich den Innendienst informieren, dass er Ihnen die Daten zukommen lässt." „Sofort nach unserem Gespräch werden Sie die Unterlagen von unserer Zentrale auf dem Postweg erhalten."
- Fassen Sie das bisher Besprochene zusammen und kommen Sie ohne Umschweife zur Verabschiedung: „Herr Muster, wenn ich das alles so richtig verstanden haben, dann haben wir uns geeinigt, dass … Dann bedanke ich mich für Ihren Besuch auf unserem Messestand und wünsche Ihnen noch einen erfolgreichen Tag auf der Messe."

Bitte haben Sie keine Scheu, diese Tipps anzuwenden. Die meisten Dauerredner merken es nicht, wenn sie in einen Monolog verfallen. Bleiben Sie dabei aber immer höflich und freundlich!

Beschwerden und Reklamationen

„Auch das noch!" – denken die meisten Mitarbeiter auf einem Messestand, wenn ein Besucher eine Reklamation oder Beschwerde vorträgt. Ehe ich Ihnen ein paar Tipps für den Umgang mit Beschwerden auf der Messe gebe, bitte ich Sie, das Thema einmal aus einem anderen Blickwinkel zu betrachten:

Statistiken zeigen, dass der Anteil der reklamierenden bzw. sich beschwerenden Konsumenten (Endverbraucher) im deutschsprachigen Raum nur bei vier Prozent liegt! Die Dunkelziffer der Kunden, die zwar unzufrieden sind, aber sich nicht beschweren, ist gewaltig. Auf einen Reklamationskunden kommen 24 Kunden, die ohne Angabe von Gründen den Lieferanten oder Anbieter wechseln. Meist liegt das daran, dass Kunden den Konflikt vermeiden, keine langen Diskussionen eingehen oder einfach nicht mit anhören wollen, wie der Unternehmensmitarbeiter sich lang und breit rechtfertigt …

Bitte stellen Sie sich einmal folgende Situation vor: Sie haben Ihren „Schatz" zum Abendessen beim neuen Italiener um die Ecke eingeladen. Nun sind die Nudeln doch noch etwas zu „al dente", das Fleisch noch nicht richtig durch und Sie „schmecken" deutlich, dass auch der Koch verliebt ist … Nun fragt Sie der Kellner beim Abräumen, ob es Ihnen geschmeckt hat. (An sich schon eine komische Frage, denn schmecken tut es ja immer nach etwas.) Was antworten Sie? Sagen Sie ihm, dass die Nudeln noch nicht gar waren, dass das Fleisch gut und gerne noch etwas länger auf dem Grill hätte bleiben können und das Ganze irgendwie versalzen war? Tun Sie das, so gehören Sie zu den oben genannten vier Prozent. Im Zweifel tun Sie es nicht. Möglicherweise scheuen Sie das Konfliktgespräch mit dem Kellner? Der Abend war so harmonisch, Sie haben keine Lust, sich zu rechtfertigen, warum Sie es trotzdem gegessen und nicht gleich reklamiert haben. Sie erwarten Rechtfertigungen des Kellners, über die man nicht diskutieren kann, wie: „Schweinefilet muss nun mal rosa sein", „Italiener essen Nudeln lieber etwas fester", „Bisher hat sich noch keiner darüber beschwert, dass das Essen zu salzig war."

96 von 100 Gästen bzw. Kunden sagen nichts. Aber Sie werden auch nie wieder in dieses Restaurant gehen. Noch schlimmer: Sie erzählen es weiter. Im Schnitt erzählt ein unzufriedener Kunde seine negativen Erfahrungen 9 bis 15 anderen Menschen weiter, die dann hundertprozentig auch keine Kunden in dem betreffenden Unternehmen mehr werden.

Was bedeutet das für Ihren Messeauftritt? Freuen Sie sich über jeden Kunden, der reklamiert und sich beschwert! Er gibt Ihnen die Chance, die Situation zu klären. Sie können aus diesem Reklamationskunden einen treuen Stammkunden machen. Statistisch belegt ist: Etwa 95 Prozent der Reklamationskunden werden zu Stammkunden, wenn das Problem für den Kunden innerhalb kurzer Zeit zufrieden stellend behoben wird! Der Kunde gibt Ihnen die Chance nachzubessern. Bei 24 anderen Kunden haben Sie diese Chance nicht mehr. Die sind schon bei einem anderen Anbieter.

Verhalten bei Beschwerden

Folgende Verhaltensweisen helfen Ihnen, aus einem reklamierenden Kunden einen Stammkunden zu machen:

- Hören Sie gut zu.
- Hören Sie aktiv zu: „Ja …, das kann ich verstehen …, das tut mir Leid …"
- Lassen Sie den Kunden ausreden. Unterbrechen Sie nie.
- Halten Sie Blickkontakt.
- Konzentrieren Sie sich voll auf den Kunden. Lassen Sie sich durch nichts ablenken. Spielen Sie mit Ihren Händen nicht mit irgendwelchen Dingen.

- Machen Sie einen ernsten Gesichtsausdruck. Lächeln Sie nicht, das passt nicht zum Thema.
- Entschuldigen Sie sich. Hierbei ist es unerheblich, wer den Fehler bzw. das Problem verursacht hat. Das klären Sie zu einem späteren Zeitpunkt.
- Sagen Sie, was Sie zur Klärung des Problems unternehmen werden.
- Wechseln Sie in die „Wir-Formulierung": Bitte keine „Sie-Formulierung": „Sie haben ein Problem!" Stattdessen: „Lassen Sie uns sehen, wie wir das gemeinsam lösen können."
- Bedanken Sie sich dafür, dass der Kunde sich bei Ihnen beschwert. Er hat Ihnen eine Chance gegeben!
- Machen Sie sich gegebenenfalls Notizen. Damit signalisieren Sie Interesse am Kunden.

Natürlich kommt es auch vor, dass Kunden den Messestand als „Bühne" für eine „Reklamations-Inszenierung" nutzen wollen.

Sie verkünden ihr Problem lauthals und theatralisch, sodass möglichst viele andere Kunden es auch mitbekommen. Das ist natürlich nicht in Ihrem Sinne. Versuchen Sie, einen solchen Besucher schnell zu isolieren, indem Sie ihn in eine Besprechungskabine oder eine abgelegene Sitzgelegenheit geleiten. Signalisieren Sie Ihr Verständnis und schlagen Sie ihm vor, die Situation in Ruhe zu klären.

Wenn das Gespräch plötzlich kippt – Killerphrasen

Manches Gespräch, das hoffnungsvoll begann, kippt plötzlich. Der Kunde zweifelt, hat alle möglichen Bedenken und Sie wissen gar nicht, was jetzt eigentlich schief gelaufen ist.

Wenn ich als Trainer in Seminaren Rollenspiele beobachte und später analysiere, entdecke ich häufig genau die Stelle im Gespräch, an der sich die Gesprächsatmosphäre deutlich verschlechtert hat.

Meist sind es so genannte Killerphrasen, die Verkäufer – ohne darüber nachzudenken – äußern und damit die Situation zum Kippen bringen. Beispiele für solche Sätze sind;

- „Sie haben mich nicht richtig verstanden!" → Besser wäre: „Da habe ich mich nicht richtig ausgedrückt."
- „Ich habe keine Zeit." → Besser wäre: „Da wird Ihnen meine Kollegin an der Information gern weiterhelfen."
- „Ich habe keine Ahnung." → Besser wäre: „Ich weiß es im Moment nicht, aber ich werde es gern für Sie herausfinden."
- „Dafür bin ich nicht für verantwortlich." → Besser wäre: „Noch besser kann Ihnen bei diesem Thema mein Kollege, Herr Muster, weiterhelfen. Der ist darauf spezialisiert."

▶ Reden Sie immer nur darüber, was geht – niemals darüber, was nicht geht. Seien Sie immer Teil der Lösung, nicht Teil des Problems.

Übung

Ich habe Tab. 1 Killerphrasen gesammelt, die sich häufig negativ auf Gespräche auswirken. Suchen Sie nach Sätzen, die aus den konfrontierenden Sätzen Aussagen machen, die Kooperation und Verbindlichkeit ausdrücken.

Tab. 1 Wie formulieren Sie kundenorientiert?

Konfrontation	Kooperation
Da haben Sie mich falsch verstanden	
Wenn Sie mal ehrlich sind, …	
Wie ich Ihnen gerade ausführlich erklärt habe, …	
Nun passen Sie mal auf, …	
Das ist nicht mein Job	
Das haben wir doch besprochen	
Ich bin nur die Sekretärin	
Das ist bei uns nicht üblich	
Sie irren sich	
Ich gebe Ihnen trotzdem die Garantie auf …	
Wir können beweisen …	
Haben Sie alles richtig verstanden?	
Sie können unmöglich urteilen, bevor …	
Jeder vernünftige Mensch weiß doch …	
Damit gehen Sie kein Risiko ein …	
Das ist ein billiges Angebot	
Wenn Sie eben zugehört hätten, …	
Das haben wir immer so gemacht	
Das steht alles in den Unterlagen	
Wollten Sie sonst noch etwas?	
Ich zeige Ihnen …	
Wir verhelfen Ihnen …	
Das stimmt nicht	
Haben Sie das auch richtig gemacht?	
Das habe ich nicht gesagt	
Ich glaube nicht, dass Sie das beurteilen können	
Da möchte ich einen Einwand machen	
Ich als Fachmann …	
Augenblicklich habe ich keine Zeit, mich damit zu befassen	
Ich weiß aus Erfahrung, …	
Ich …	
Man (kann dadurch) …	

Tab. 1 (Fortsetzung)

Konfrontation	Kooperation
Das kostet Sie …	
Das glaube ich Ihnen nicht!	
Sie müssen schon entschuldigen!	
Ist das etwa Ihr Ernst?	
Das trifft auf keinen Fall zu	
Das gibt's gar nicht	
Ich kann Ihnen beweisen, ….	
Unterbrechen Sie mich nicht dauernd!	
Da müssen Sie sich schon etwas gedulden	
Sie müssen einsehen, dass …	
Haben Sie einen besseren Vorschlag zu machen?	
So, wie Sie sich das denken, geht das wirklich nicht	
Ich versuche gerade, Ihnen zu erläutern …	

5. Schritt: Messenacharbeit – Nach der Pflicht kommt die Kür

Die Messe ist vorbei. Sie und Ihre Kollegen sind verdientermaßen geschafft. Aber an Urlaub sollten Sie jetzt nicht denken! Die Arbeit ist noch nicht getan. Jetzt gilt es, die Messe auszuwerten und quasi die Früchte der Arbeit zu ernten. Sie müssen die getroffenen Vereinbarungen und Versprechungen einhalten und umsetzen.

Sie ersparen sich Arbeit, wenn Sie die Nacharbeit der Messe nicht erst tatsächlich nach der Messe beginnen, sondern bereits im Vorfeld einplanen. Die Checklisten in diesem Kapitel können Sie bereits vor der Messe erstellen und ergänzen, um so im Anschluss an die Messe umgehend einen Überblick darüber zu haben, was wann von wem erledigt werden muss.

Abbau der Messe

Zunächst einmal müssen Sie die Zelte wieder abreißen. Und zwar so, dass Sie schon wieder die nächste Messe im Auge haben. Denn so manches können Sie vielleicht wieder verwenden. Mit folgender Checkliste können Sie sich leichter einen Überblick über die anfallenden Arbeiten machen.

D. Kreuter, *Erfolgreich akquirieren auf Messen*,
DOI 10.1007/978-3-658-02988-3_11, © Springer Fachmedien Wiesbaden 2014

Checkliste: Abbau der Messe

- Wer baut ab? Wer ist verantwortlich? Sind externe Hilfskräfte notwendig?
- Sind die notwendigen Arbeitspapiere für das Abbaupersonal vorhanden?
- Wer bringt die Standfläche wieder in Ordnung (Beseitigung von Bauten, Reinigung, Abnahme)?
- Sind die Installationsfirmen für den Abbau der verschiedenen Versorgungsleitungen bestellt?
- Wer bekommt welche Gegenstände zurück (Exponate, Dekoration, Büroeinrichtungen, Privates)?
- Sind *alle* gemieteten oder geliehenen Gegenstände zurückgegeben und abgerechnet worden?
- Was muss wann an welche Leihfirmen zurückgegeben werden?
- Wer besorgt Transportmittel und -fahrzeuge?
- Wie kommt das Verpackungsmaterial und Leergut zum Stand?
- Wer verpackt was?
- Wer übernimmt den Abtransport?
- Sind sämtliche Hilfskräfte ordentlich verabschiedet worden (Papiere, Lohn, Kleidungsabgabe)?
- Welche Rechnungen sind noch offen?
- Wer übergibt die Standfläche an die Messegesellschaft?

Innen- und Außendienst

In meinen Seminaren empfehle ich den Außendienstmitarbeitern, sich die zwei oder drei Wochen nach der Messe von Terminen komplett frei zu halten. Meistens sehe ich dann in erstaunte Gesichter. Und doch ist die Messenacharbeit anders gar nicht zu schaffen. Hat sich der Außendienst den Terminkalender in dieser Zeit bereits mit ganz „normalen" Stammkundenterminen gefüllt, so wird es unmöglich sein, die geschlossenen Messekontakte in entsprechende Aufträge umzusetzen. Deshalb gilt bereits im Vorfeld der Messe: Fixieren

Sie auch im Zeitraum von zwei bis sechs Wochen nach der Messe nur die allerwichtigsten Termine.

Eine Messebeteiligung ist praktisch ein einziges riesiges Angebot. Angebote ohne Nachfassarbeit verpuffen aber sehr schnell wieder. All Ihre perfekte Organisation und Planung wären nur vergebliche Liebesmüh, wenn sich Ihre Verkaufsmannschaft jetzt zurücklehnen und die Gunst der Stunde nicht nutzen würde.

▶ Ein Vertriebsteam, das sich nach der Messe nicht um die Neukontakte kümmert und stattdessen Stammkundenpflege betreibt, macht etwas falsch!

Voraussetzung für die erfolgreiche Nacharbeit ist die systematische Erfassung der Messekontakte. Jedes Messegespräch muss möglichst genau protokolliert werden: Name, Anschrift, Position und Branche jedes Besuchers, Ergebnis des Gesprächs und Termine für das weitere Vorgehen sollten exakt festgehalten und damit auch nachprüfbar werden.

In den Wochen nach der Messe liegt Ihre Priorität dann darauf, die auf der Messe begonnene Gewinnung von Neukunden abzuschließen:

- Für den Außendienst bedeutet das, die vereinbarten Termine wahrzunehmen.
- Der Innendienst verschickt parallel dazu die versprochenen Unterlagen (Kataloge, Prospekte) an die Neukunden. Innerhalb einer Woche sollten sie beim Kunden sein. Sonst verpufft die Wirkung Ihres Messegesprächs.

Kunden, die per PKW anreisen, sollten Sie stets anbieten, die Unterlagen zuzusenden. Sie werden auf dem Rückweg nach dem Messebesuch keine Zeit haben, die Unterlagen zu lesen. Bei Kunden, die mit dem Zug oder per Flugzeug anreisen, empfehle ich, die Kataloge gleich auf der Messe mitzugeben. Sie können sie sich schon auf der

Heimreise anschauen. Deshalb sind Zugabteile und Flugzeugsitze nach Messen oft mit Bergen von Prospekten und Katalogen übersät – die Besucher sondieren bereits hier aus, was sie brauchen und was nicht.

Nach dem Versand der Kataloge sollte der Innendienst telefonisch nachfassen und abklären, ob es weitere Fragen gibt und der Wunsch nach einem Termin besteht.

▶   Zu diesem Thema empfehle ich Ihnen das Buch „Bei Anruf Termin" von Klaus Fink.

Angebote verschicken

Der Innendienst schickt auch ausgearbeitete Angebote zu Kunden, mit denen das auf der Messe vereinbart wurde. Dabei empfiehlt es sich, mit diesen vorab noch ein kurzes Vorangebotsgespräch zu führen. Darin können Details geklärt werden, die im Messegespräch noch offen geblieben sind.

Checkliste: Innendienst

- Ist sichergestellt, dass georderte Messeartikel auch wirklich ausgeliefert werden?
- Sind von irgendeiner Seite noch Reklamationen, Beschwerden oder Regressansprüche zu erwarten?

Erfolgskontrolle

Die Leitung des Messestandes muss sich am Ende der Messe einen Überblick darüber verschaffen, wie der Erfolg der Messe einzuschätzen ist. Die Geschäftsleitung will das natürlich wissen, aber auch die Mitarbeiter, die nicht mit auf der Messe waren.

Checkliste Erfolgskontrolle

- Konnten die richtigen und wichtigen neuen Zielgruppen erreicht werden?
- Wie groß ist die Anzahl der in- und ausländischen Kontakte?
- Wie sind die Auftragseingänge (gegliedert nach Produktgruppen)?
- Wie groß ist die Zahl der Neukunden?
- Was waren die Meinungen von Besuchern zur Standgestaltung?
- Was waren die Meinungen von Besuchern zur Branchenentwicklung?
- Welche Anregungen kamen von Besuchern?
- Was war das Hauptinteresse der Besucher (Order oder Information)?
- Was ergeben die Auswertungen der Wettbewerbsbeobachtung, der Messeberichte und der täglichen Lagebesprechungen?
- Wer ist für die Auswertung der Kundenkontakte und Besucheradressen, also für die Erfolgskontrolle im engeren Sinne verantwortlich?
- Wie war das Presse-Echo?
- Welche Aufschlüsse gibt der Schlussbericht der Messegesellschaft, der allen Ausstellern unaufgefordert zugesandt wird?
- Wer fertigt den Abschlussbericht an? Wer erhält diesen?

▶ Aus diesen Ergebnissen können Sie klare Erwartungen an das Nachmessegeschäft formulieren. Sie wissen ja: Messebeteiligungen sind in Zahlen, Daten und Fakten messbar!

Messeabschlussbericht

Der Messeabschlussbericht dient als Controllinggrundlage, um einen entsprechenden Messeerfolg zu dokumentieren. Er wird in der Regel vom Standleiter und vom Messeorganisator erstellt. Dieser Bericht besteht aus Teilen, die zu unterschiedlichen Zeitpunkten erstellt werden – unmittelbar nach der Messe sowie etwa sechs Wochen nach der Messe.

Unmittelbar nach der Messe sind folgende Daten zu sammeln:

- Anzahl der Besucher auf dem Messestand im Vergleich zur Gesamtbesucherzahl (Vergleichszahlen erhalten Sie vom Messeveranstalter, vom AUMA (www.auma.de) und von der FKM (Gesellschaft zur freiwilligen Kontrolle von Messe- und Ausstellungszahlen (www.FKM.de).)
  - Herkunft der Besucher: Inland, Ausland, regionale Herkunft, Wirtschaftszweig
  - Anzahl Stammkunden mit Einladung
  - Anzahl Stammkunden ohne Einladung
  - Anzahl Interessenten mit Messebericht
  - Anzahl Interessenten mit Messebericht mit und ohne persönliche Einladung
  - Kontakte pro Messetag, Kontakte pro Standmitarbeiter, Kontakte pro Quadratmeter
- Qualität der Kontakte
- Berufliche Stellung der Besucher
- Funktionen im Unternehmen
- Entscheidungskompetenzen der Besucher (ausschlaggebend, mitentscheidend, beratend)
- Medienfeedback
  - Welche Journalisten waren persönlich auf dem Messestand; wie viele mit und ohne persönliche Einladung?
  - Welche Presseartikel wurden vor der Messe verschickt? Welche wurden vor oder zur Messe veröffentlicht? Welche Reichweiten (Auflagen bei Printmedien) hatten die Presseberichte? Was hätte Sie die Veröffentlichung als Anzeigen gekostet?
- Interessenschwerpunkte der Besucher – was stand im Fokus (aktuelle Marktthemen, Produkte, Fragen, usw.)?

- Besucherfeedback auf: bisherige/neue Produkte/Dienstleistungen, Preispolitik, Sortimentspolitik, Design, Verpackung, Service, Unternehmensauftritt nach der Marktposition im Wettbewerb
- Anregungen und Kritik zur Auswahl und Präsentation der Exponate
- Resonanz der Besucherwerbung
- Kostenkalkulation
  - Kosten pro Kontakt/Messebericht
  - Kosten der Veranstaltung gesamt und im Detail
- Standgestaltung/-wirkung/-funktionalität
- Personaleinsatz/Teamarbeit – waren immer genügend Mitarbeiter am Stand? Welche Stoßzeiten gab es? Waren die Mitglieder des Standteams entsprechend qualifiziert? Wurden die Teamregeln eingehalten?
- Auswertung der Wettbewerbsbeobachtung
- Auswertung der täglichen Lagebesprechungen (Kick off bzw. Abendandacht)
- Formulierungen der eigenen Erwartungen an das Nachmessegeschäft
- Schlüsse für die Folgeveranstaltungen; kritisches Hinterfragen des Mediums Messe in Bezug zu den vorab getroffenen Messezielen

Auf der Internationalen Tourismusbörse in Berlin (ITB) ließ ein Aussteller über ein externes Marktforschungsinstitut eine qualifizierte, computergestützte Besucher-Resonanzkontrolle durchführen, bei der die Besucher zu folgenden Themen befragt wurden, nachdem sie den Messestand des Ausstellers verlassen hatten:

Fragen der Besucher-Resonanzkontrolle

- Welche Assoziationen stellten sich spontan zum Unternehmensauftritt ein?
- Welche Themenschwerpunkte wurden erkannt?

- Wie kommunikativ wirkte der Stand?
- Wie wirkt der Stand im Vergleich zu Wettbewerberständen?
- Wie wurde der Besucher auf den Stand aufmerksam?
- Was hat am meisten interessiert?
- Wurden Fachgespräche geführt?
- Wie verhielten sich die Standmitarbeiter im Gespräch?
- Wie viel Zeit verbrachte der Besucher auf dem Messestand?
- Wie wurde der Standbesuch insgesamt beurteilt?

▶   Budgetschonend ist eine solche Befragung auch mit dem Einsatz geschulter Studenten oder Aushilfen zu realisieren.

Etwa sechs bis acht Wochen nach der Messe sind folgende Daten im Abschlussbericht noch zu ergänzen:

- Welche Presseartikel sind nach der Messe verschickt worden? Welche sind dann nach der Messe veröffentlicht worden? Welche Reichweiten (Auflagen bei Printmedien) hatten die Presseberichte? Was hätte Sie die Veröffentlichung als Anzeigen gekostet?
- Wie viele Nach-Messe-Termine sind tatsächlich realisiert worden?
- Welcher Umsatz ist nach der Messe realisiert worden, der der Messe direkt zuzurechnen ist (bei Investitionsgütern ist der Zeitraum entsprechend zu verlängern)?
- Wie viele Neukunden sind akquiriert worden?
- Wie viele Schlummerkunden/zum Wettbewerb gewechselte Kunden sind zurückgewonnen worden?
- Welche Schlüsse für die Folgeveranstaltungen können gezogen werden? Sind die vorab vereinbarten Messeziele erreicht worden? Wenn nein, woran hat es gelegen?

Beide Abschlussberichte sollten im gesamten Unternehmen verteilt werden. Jeder Mitarbeiter – ob er nun auf der Messe war oder nicht – sollte über die Aktivitäten des Unternehmens auf der Messe informiert werden. Damit wird das Wir-Gefühl verstärkt und die

Bemühungen um den Kunden transparent. Manche Unternehmen erstellen aufwendige Broschüren mit Fotos vom Messestand, von Gesprächssituationen und Wettbewerbsständen.

Auch die Messeeinladungen, das Dankeschön-Bestätigungs-Fax vom Stand und aktuelle Messeprospekte gehören in die Nachmessedokumentation. Aus meiner Beratungstätigkeit kenne ich einen Kunden, der diesen Bericht von seiner Werbeagentur als Imagebroschüre gestalten ließ und ihn anschließend an Geschäftspartner, Top-Kunden und Shareholder verschickte.

Wenn Sie ein solches professionelles Messecontrolling zum ersten Mal durchführen, stehen Ihnen natürlich erst wenige oder keine Referenzdaten zur Verfügung. Doch einmal muss der Anfang gemacht werden. Richtig interessant wird es, wenn Sie die letzte Messe mit der aktuellen in Relation setzen können. Dann wird das Instrument des Messecontrollings Ihnen die Stärken und Schwächen Ihrer individuellen Messebeteiligung vor Augen führen und interessante Schlussfolgerungen ermöglichen.

Literatur

Anders, Florian. 2009. *Messe als Marketinginstrument*. München: GRIN.

Arnold, Dieter. 2006. *Fachwörterbuch Messen + Ausstellungen, deutsch-englisch Edition m + a*. Frankfurt a. M.: Dt. Fachverl.

AUMA, Ausstellungs- und Messe-Ausschuss der Deutschen Wirtschaft e. V. 2006, Dezember. Erfolg auf Auslandsmessen – Ein Ratgeber für Auslandsmessebeteiligungen. Tipps für die Planung und Durchführung von Auslandsmessebeteiligungen mit Stichwörtern und Checklisten sowie Informationen über die Förderung von Auslandsmessebeteiligung des Bundes und der Länder.

AUMA, Ausstellungs- und Messe-Ausschuss der Deutschen Wirtschaft e. V. 2007. Juni. AUMA_Statement: Die Messewirtschaft: Fakten, Funktionen, Perspektiven. 3. aktualisierte Auflage.

AUMA, Ausstellungs- und Messe-Ausschuss der Deutschen Wirtschaft e. V. 2008. CD-ROM „Messe fit. Ready for Trade Fairs". Die CD-Rom stellt alle Aspekte einer Messebeteiligung vor und bietet Ausstellern wichtige Planungshilfen für ihren Messeerfolg. Sie enthält auch den AUMA_MesseNutzenCheck. Version 3.1 Deutsch/Englisch. Berlin. http://www.auma.de/de/DownloadsPublikationen/Seiten/CD-ROM-Messe-Fit.aspx.

AUMA, Ausstellungs- und Messe-Ausschuss der Deutschen Wirtschaft e. V. 2009. AUMA_Messe Guide Deutschland 2010. Trends & Tipps der deutschen Messewirtschaft, rund 430 Messeporträts, differenziert nach den AUMA-Kategorien: international, spezial und regional, Veranstalteradressen, Messeregister nach Branchen, Terminen und Orten. Berlin.

AUMA, Ausstellungs- und Messe-Ausschuss der Deutschen Wirtschaft e. V. 2009. Dezember. Erfolgreiche Messebeteiligung. Teil 1: Grundlagen. Broschüre und Powerpoint-Präsentation, Berlin, Dezember 2009; Teil 2: Spezial Auslandsmessen. Berlin.

D. Kreuter, *Erfolgreich akquirieren auf Messen*,
DOI 10.1007/978-3-658-02988-3, © Springer Fachmedien Wiesbaden 2014

AUMA, Ausstellungs- und Messe-Ausschuss der Deutschen Wirtschaft e. V., Hrsg. 2010. AUMA_Edition Nr. 25. AUMA_MesseTrend 2010, Ausstellerbefragung durch TNS EMNID, Bielefeld 2010, Schriftenreihe Institut der Deutschen Messewirtschaft Edition 31. http://www.auma.de/de/DownloadsPublikationen/PublicationDownloads/Ausstellerbefragung2010.pdf.

AUMA, Ausstellungs- und Messe-Ausschuss der Deutschen Wirtschaft e. V. Tagesaktuelle Daten und Statistiken zu Messen in Deutschland und weltweit. http://www.auma.de/de/Messemarkt/Branchenkennzahlen/Seiten/Default.aspx.

AUMA, Ausstellungs- und Messe-Ausschuss der Deutschen Wirtschaft e. V. Die Messewirtschaft: Bilanz. Überblick über die Messeaktivität der deutschen Wirtschaft und die Arbeit der AUMA als Verband der Messewirtschaft – mit Kennzahlen zur Messewirtschaft. Erscheint jährlich in Deutsch (Mai) und Englisch (August), PDF-Version. http://www.auma.de/de/DownloadsPublikationen/Seiten/AUMA_Bilanz.aspx.

Baron, Gabriele. 2009. *Praxisbuch Mailings: Print- und Online-Mailings planen, texten und gestalten*. München: MI- Wirtschaftsbuch.

Belvederesi-Kochs, Rebecca. 2013. *Erfolgreiche PR im Social Web: das praktische Handbuch*. Bonn: Galileo.

Bernard, Florian, Mark-Steffen Buchele, Anna-Katharina Esche, und Fred Geiger. 2010. *Marketing – vor, während und nach der Messe* (Messewissen für Profis Bd. 1). Frankfurt a. M.: Messe Frankfurt Medien und Service.

Bernard, Florian, und Stefan Luppold. 2010. *Mobile Marketing für Messen: Integrierte Kommunikation im Messemarketing der Aussteller*. Sternenfels: Wissenschaft & Praxis.

Birkenbihl, Vera. 2007. *Stroh im Kopf?* 47. erweiterte Auflage. Landsberg: Lech.

Borstel, Peter. 2013. *Messe: Ausstellen leicht gemacht*. Starnberg: TFI-Verlagsgesellschaft.

Brückner, Michael. 2013. *Werbebriefe: Textbausteine für perfekte Mailings*. 6. Aufl. München: Redline.

Clausen, Elke. 2010. *Messemarketing – So führen Sie Messen zum Erfolg*. 2. Aufl. Göttingen: BusinessVillage.

Dilthey, Tilo. 2011. *TEXT-TUNING: Das Konzept für mehr Werbewirkung*. Göttingen: BusinessVillage.

Dinkel, Michael, Stefan Luppold, und Carsten Schröer, Hrsg. 2013. *Handbuch Messe-, Kongress- und Eventmanagement*. Sternenfels: Wissenschaft & Praxis.

Dittmar, Claudia. 2008. *Erfolgreiches Messemanagement am Praxisbeispiel: Grundlagen, Organisation, Kontrolle.* Saarbrücken: VDM Verlag Dr. Müller.

Doppler, Doris. 2012. *Starke Mailings. So texten Sie wirksame Werbebriefe.* North Charleston: CreateSpace Independent Publishing Platform.

Ehrmann, Harald. 2004. *Marketing-Controlling.* 4. Aufl. Ludwigshafen: Kiehl.

Falcke, Joachim. 1994. *Gestaltung von Messeständen.* München: F. Bruckmann KG.

Fetscherin, Alfred. 1999. *Keine Angst vor den Medien. 100 Regeln für den Umgang mit Presse, Radio, Fernsehen.* Zürich: Orell Füssli.

Fink, Klaus-J. 2005. *Bei Anruf Termin.* 3. Aufl. Wiesbaden: Gabler.

Friedmann, Susan A. 2002. *Messen und Ausstellungen: Budgetieren, Organisieren, Profitieren.* Wien: Ueberreuter Wirtschaft.

Fuchs, Nina. 2012. *Messen im Marketing-Mix: Faktoren für einen erfolgreichen Messeauftritt.* Saarbrücken: AV Akademikerverlag.

Fürstenau, Katja, und Norbert Schulz-Bruhdoel. 2013. *Die PR- und Pressefibel: Ein Praxisbuch für Ein- und Aufsteiger.* 6. Aufl. Frankfurt a. M.: Frankfurter Allgemeine Buch.

Gerbig, Simone. 2013. *Berechnung der Kosten eines Mailings vom Druck bis zur Auslieferung über einen Lettershop.* München: Grin.

Gottschling, Stefan. 2008. *Stark texten, mehr verkaufen: Kunden finden, Kunden binden mit Mailing, Web & Co.* 3. Aufl. Wiesbaden: Gabler.

Gottschling, Stefan. 2013. *Werbebriefe einfach machen! Das So-geht's-Buch für verkaufsstarke Briefe.* 4. Aufl. Augsburg: SGV.

Grupe, Stephanie. 2011. *Public Relations: Ein Wegweiser für die PR-Praxis.* Berlin: Springer.

Haag, Patrick. 2012. *Messen als Marketing- und Kommunikationsinstrument, Herausforderungen und Parameter bei der Nutzung von Messen für KMU.* München: AVM.

Hirschmann, Wolf. 2008. *Direktmarketing: Erfolg durch Direktwerbung, Mailings & Co.* Berlin: Cornelsen.

Hosin, Michael. 2007. *Event & marketing 3.* Edition m + a.

Huckemann, Matthias, Urs Seiler, und Dieter S. ter Weiler. 2005. *Messen messbar machen: Mehr Intelligenz pro qm.* 4. Aufl. Berlin: Springer.

Karl, Regina. 2013. *Konzeption und Kreation eines Mailings.* München: GRIN.

Kassubeck, Martin. 2011. *Attraktivität von Messen als Business-to-Business-Veranstaltung: Modellentwicklung und Ableitung veranstalterbezogener*

Handlungsempfehlungen (Diss. Universität Hannover). Göttingen: Cuvillier.

Kirchgeorg, Manfred, Werner Dornscheidt, Wilhelm Giese, und Norbert Stoeck. 2003. *Handbuch Messemanagement*. Wiesbaden: Gabler.

Kleemann, Andreas. 2005. *Eventmarketing-Lexikon* (Edition m + a). Frankfurt a. M.: Deutscher Fachverlag GmbH.

Kramer, Sibylle, Hrsg. 2009. *Fair design. Architecture for exhibition*. Berlin: Braun.

Kreinhöffner, Petra. 2009. *Bedeutung der Messe im Business-to-Business-Bereich* (Seminararbeit Ebook). München: GRIN.

Kreuter, Dirk. 2012. *Training für den Außendienst*. 5. Aufl. Berlin: Cornelsen.

Kreuter, Dirk. 2013. *Umsatz extrem*. Wien: Linde.

Liller, Tapio, und Marie-Christine Schindler. 2014. *PR im Social Web: Das Handbuch für Kommunikationsprofis*. 3. Aufl. Köln: O'Reilly.

Lorenz, Tobias. 2007. *Messeerfolg bewerten*. München: GRIN.

Oppel, Kai. 2014. *Crashkurs PR: So gewinnen Sie alle Medien für sich*. 2. Aufl. München: C.H. Beck.

Puttenat, Daniela. 2012. *Praxishandbuch Presse- und Öffentlichkeitsarbeit: Der kleine PR-Coach*. 2. Aufl. Wiesbaden: Gabler.

Reber, Stefan. 2007. *Ausgewählte Rechtsfragen bei Veranstaltungen wie Messen, Ausstellungen, Konzerten oder Vergnügungsveranstaltungen am Beispiel des Bundeslandes Bayern*. München: GRIN.

Röttger, Ulrike. 2009. *PR-Kampagnen: Über die Inszenierung von Öffentlichkeit*. 4. Aufl. Wiesbaden: VS Verlag für Sozialwissenschaften.

Saxer, Umberto. 2008. *Bei Anruf Erfolg*. 4. Aufl. München: Redline.

Saxer, Umberto. 2009. *Einwand-frei Verkaufen*. 3. Aufl. Frankfurt a. M.: Redline.

Schönbach, Franziska. 2011. *Controlling des Messemarketing*. München: GRIN.

Ter Weiler, Dieter S., Hrsg. 2012. *Messen machen Märkte – eine Roadmap zur nachhaltigen Steigerung der Effizienz Ihrer Messe-Erfolge*. Tegernsee: Messe Fach.

Wagner, Simone. 2010. *Kennzahlen für das Messeprojektmanagement: Durch Leistungstransparenz erfolgreich am Markt der Messedienstleister*. Hamburg: Diplomica.

Wießner, Anne. 2011. Planung und Kontrolle von Messeauftritten im Industriegüterbereich: Eine kritische Auseinandersetzung mit der Evaluation von Messeauftritten. München: GRIN.

Weitere Veröffentlichungen von Dirk Kreuter unter www.dirkkreuter.de.